Entre nous, et l'enfer ou le ciel, il n'y a que la vie entre deux, qui est la chose du monde la plus fragile.

BLAISE PASCAL,
Pensées

Caw (handwritten)

COLLECTION FOLIO

Jérôme Garcin

Mes fragiles

Gallimard

Jérôme Garcin, né à Paris le 4 octobre 1956, a animé *Le Masque et la Plume* sur France Inter de 1989 à 2023. Il est aujourd'hui chroniqueur au *Nouvel Obs*, dont il a dirigé les pages culturelles pendant vingt-sept ans, et il tient le feuilleton littéraire de *La Provence*. Il est notamment l'auteur de *Pour Jean Prévost*, prix Médicis essai 1994, *La chute de cheval*, prix Roger Nimier 1998, *Théâtre intime*, prix Essai France Télévisions 2003, *Olivier* et *Le voyant*, tous parus aux Éditions Gallimard. Il a reçu le prix Prince Pierre de Monaco 2008 et le Grand Prix Henri Gal de l'Institut de France 2013 pour l'ensemble de son œuvre. *Le dernier hiver du Cid* a obtenu le prix des Deux Magots 2020.

à Jeanne et Esther,
à ma fille, qui sait
à ma petite-fille, qui saura
avec mon débordant amour

1

J'avais un frère fragile. Maintenant qu'il est mort, il me paraît plus fort, et je me sens plus faible. En vérité, je ne sais plus qui, de nous deux, était le plus fragile.

Je croyais, pauvre candide, pouvoir le protéger, l'alester, le réconforter, l'empêcher de tomber, le sortir de son isolement un peu sauvage, le convaincre de maigrir, le conduire en douceur sur les chemins de l'arrière-saison, je pensais parvenir à calmer ses jours tempétueux, l'aider à formuler tout ce qui, chez lui, depuis toujours, était inexprimé et semblait peser de plus en plus sur son corps affligé, arrondi par les ans, alourdi par le poids de je ne sais quel lointain effroi, parfois lisible dans ses yeux affolés, le poids aussi, qui m'émeut et ne me quitte pas, d'une candeur végétale, d'une bonté sans emploi, à laquelle, lorsqu'il servait la messe du dimanche soir avec des gestes de frère convers, une aube blanche donnait une gravité médiévale. Mais je n'y suis pas parvenu. Le temps m'a été refusé de le soulager, de l'épauler, de lui dire combien je l'aimais et de vieillir ensemble.

Deux mois après que j'eus obtenu, le 8 janvier 2021, de la juge des tutelles, l'entière responsabilité de mon frère et, selon le vocabulaire administratif, le devoir de le « représenter pour l'ensemble des actes portant sur ses biens et sur sa personne », d'être à la fois son soutien et son interprète, le coronavirus a eu raison de ses déficiences, de ma charge et de mes illusions. Il a fondu sur lui, si désarmé et si désarmant, comme, depuis un ciel d'apocalypse, le vautour sur sa proie invalide, qui cumulait les facteurs aggravants, auxquels on donne l'affreux nom de comorbidité : l'obésité, le diabète, les troubles pulmonaires et respiratoires, ajoutés à une maladie génétique, sournoise et souterraine, le syndrome de l'X fragile, qui devait porter le coup de grâce.

Après une violente crise d'épilepsie, qui était sa première et serait sa dernière, il a été emmené aux urgences de l'hôpital Pompidou. Il s'est laissé faire, lui qui était tellement farouche, n'a opposé aucune résistance aux pompiers, est resté muet, obtus, comme il l'était devant toute personne étrangère, fût-elle là pour le secourir. Dans sa vieille sacoche grise élimée, qu'il tenait en bandoulière à la manière d'un bouclier, ses papiers d'identité parlaient pour lui, qui s'exprimait depuis toujours dans une langue rocailleuse, caverneuse, précipitée, souvent inintelligible, dont certaines phrases spiralées, et ponctuées par des aspirations d'étouffé, pouvaient revenir en boucle trois, quatre ou cinq fois. À l'hôpital, couché dans un box, où je n'étais pas autorisé à entrer, il m'a aperçu soudain derrière la vitre et, en souriant et me montrant du doigt, a seulement soufflé à l'infirmière qui se tenait près de lui, comme s'il voulait la prendre à témoin et se tranquilliser : « Mon frère… »

Le lendemain, il était admis au service covid où, cette fois vêtu de la tête aux pieds d'une tenue protectrice digne d'un cosmonaute, j'ai pu m'asseoir longtemps au pied de son lit. J'ai alors tenté, en vain, de converser avec lui, de le rassurer et, en désignant son assiette et son petit pot de compote vides, de le féliciter d'avoir mangé son déjeuner, de sourire de la perfusion qui le forçait, croyait-il, à maintenir son bras figé. Car c'était un malade à la fois très craintif et très obéissant. Mais c'est comme s'il ne m'entendait pas, ou plus. Mes mots ricochaient sur son corps bouddhique et son émouvante tête d'Aramis éreinté, de mousquetaire chahuté, retour de cavalcades et de rixes, avec moustache, barbichette et double menton. À mes questions, il répondait par des grognements exaspérés de gros animal piégé dans une forêt obscure, peuplée de monstres, de diablotins, de gargouilles et de quelques fées. De manière spasmodique, il répétait : « Je veux rentrer à la maison, chez moi. » J'avais beau lui dire qu'il était ici en de bonnes mains, qu'il sortirait bientôt, que j'étais là pour veiller sur lui, et tenter d'orienter son beau regard noir de peintre lumineux vers le ciel qui annonçait le printemps au-dessus de la Seine, il demeurait prostré, en exil de lui-même, tel un géant fiévreux sur le départ. Seul sur le quai, je me retenais de pleurer. Mon frère, mon frère…

Deux jours plus tard, après avoir subi sans broncher une ponction lombaire – ce courage des fragiles, cette soumission des innocents –, il fut conduit en réanimation. Et, presque aussitôt, sédaté et intubé. Il n'y avait pas d'autre choix que la ventilation invasive, m'a expliqué la médecin chargée de ce service alors en surchauffe. Car il était épuisé et incapable de respirer par lui-même. Il se perdait. Je le perdais. Il fallait faire vite. Elle voulait mon accord pour qu'une sonde soit introduite dans sa trachée et que ses poumons reçoivent l'oxygène vital. Je le lui ai donné, en demandant aussitôt à la voir et à le voir.

La voir, pour lui dire qu'elle devait, je vous en prie, docteur, tout employer afin de le sauver. Mais, dans le même temps, que je m'opposais à tout acharnement thérapeutique, appelé aussi, par le corps médical, « obstination déraison-nable ». Car je savais que le prix à payer en mul-tiples séquelles pour une sortie de l'intubation serait doublé par le handicap de l'X fragile. Je ne supportais pas l'idée que sa vie future devînt un enfer et un martyre ; sa vie passée avait déjà été si difficile. Sans notre père depuis ses huit ans, sans notre mère depuis seulement six mois…

Et puis le voir. Oh, mon Laurent. Allongé sur le dos, les yeux fermés, la bouche ouverte pour laisser passer le long et cruel tube respiratoire, les deux bras perfusés, le buste constellé de capteurs et relié à un système arachnéen de fils plastifiés qui menaient, dans un désordre apparent, à un écran d'ordinateur sur lequel défilaient en cascade des chiffres fous, des codes cabalistiques et des lettres fluorescentes, le ventre rebondi, plein d'excès et d'abandons passés, il était plongé dans un coma artificiel qui ressemblait à un sommeil de longue durée, à peine secoué, à intervalles réguliers, par un halètement oppressé de cétacé échoué. Il avait l'air paisible et, surtout, paraissait ne pas souffrir. Miracle de la sédation et des bloqueurs neuromusculaires : lui qui ne supportait pas d'approcher un médecin ou un dentiste, que toute perspective d'une auscultation ou d'une piqûre apeurait, semblait, tous muscles relâchés, accepter de confier, tel un bateau qui prend l'eau, son corps abîmé à celles et ceux qui s'appliquaient à le réparer.

Quelques semaines plus tôt, je l'avais emmené faire une prise de sang dans un laboratoire et avais dû entrer dans la cabine avec lui, parlementer en douceur afin qu'il acceptât le prélèvement. L'infirmière avait eu un gentil sourire et avait feint de ne pas être surprise de voir un homme de cinquante-cinq ans tétanisé par une simple aiguille, déjà pressé de s'esbigner et, son regard fixement accroché au mien, apaisé par son grand frère et ses mots de nounou : « Tu vois, tout va bien, ce n'est rien. » Le verdict était tombé dans la journée : risque prononcé de coma diabétique. Une chute probable, à chaque instant, aussi bien dans la rue que sur un quai de métro. Un menaçant oubli de soi. Au loin, déjà, l'orage grondait. Je n'imaginais pas qu'il se rapprocherait si vite et le foudroierait.

Dans un box du service de réanimation, mes paroles et mes caresses n'ont reçu aucune réponse. Laurent était en vie, mais inerte. Son sommeil était une caverne inaccessible. Il ne pouvait pas m'entendre, mais il demeure une infime probabilité, a suggéré alors la médecin, qu'il soit sensible à votre voix, à votre souffle, à votre présence, et pour cette infime probabilité, il faut continuer à lui parler et lui prendre la main, dont la peau soyeuse et bombée était si veloutée. À ce moment-là, une infirmière est entrée, elle a procédé à des soins qu'elle a énoncés et articulés à haute voix : « Monsieur, je vais changer votre perfusion et prendre votre tension. » C'était protocolaire, théâtral et fantomatique. Derrière les vitres, en enfilade dans les box voisins, d'autres gisants vivants dormaient à la frontière de l'autre monde, retenus dans le nôtre par un simple tuyau, la présence d'un proche, mais pour combien de temps encore ?

Pendant trois semaines, j'ai ainsi visité, à heure

fixe, l'ombre à la fois errante et immobile de mon frère. J'ai assisté au spectacle révoltant et déchirant d'un handicapé encagé, ligoté, dont j'avais la charge, mais dont j'étais impuissant à obtenir ni même envisager la guérison. Parfois, son visage était d'une sérénité enfantine, plus impérieuse que l'épuisement. J'avais l'impression qu'il s'éloignait de l'âge adulte, auquel il n'était pas destiné et qui ne l'avait pas ménagé, pour mieux retrouver l'insouciance rêveuse, poétique, insolente, de ses premières années, quand rien, en apparence, mais que savait-on de ses démons enfouis, ne l'encombrait ni ne le menaçait. Peut-être voguait-il vers la rive d'où il était parti, à une époque où personne, dans la famille, ne soup-çonnait la ravageuse anomalie génétique du chromosome X. Chaque fois que, en tenue de camouflage, je venais retrouver mon grand silen-cieux – une heure seulement par jour était auto-risée, comme une fenêtre dans l'obscurité –, je me demandais s'il voulait vraiment revenir parmi nous, ou au contraire partir les yeux fermés, avant ce calvaire que la société normée impose aux différents, aux déficients, aux discordants, aux fragiles. S'il réclamait, en soupirant, ma tutelle toute neuve ou s'il me suppliait, impas-sible, de le laisser rejoindre notre mère, sans laquelle il ne pouvait pas vivre et dont on lui avait épargné le spectacle horrifique de l'agonie, à la Maison médicale Jeanne-Garnier, tout près de l'hôpital Pompidou, d'où j'imaginais que, dans sa nuit muette, il l'appelait.

Les médecins ne m'ont pas aidé à trancher. Certains jours, Laurent opposait au covid une résistance remarquable. On envisagea même, un matin, de réduire les sédatifs, de le préparer en douceur à une possible extubation. On ne s'avouait pas vaincus. On m'inclinait à espérer, même si, après un tel choc, le retour à « une existence normale » était peu probable. Mais Laurent avait-il jamais connu une existence normale ? Chaque semaine passée ajoutait pourtant à mon inquiétude et à mon pessimisme. Plus le coma se prolongeait et plus ses chances de rémission s'amenuisaient. Désormais, ignorant les pronostics variables et contradictoires des soignants, je venais voir, dans la cabine d'un paquebot-hôpital amarré près du pont du Garigliano, un frère inconsolable qui allait partir et que, malgré toutes mes supplications, je ne pouvais plus retenir.

Dans la nuit du 21 au 22 mars 2021, l'interne de l'hôpital m'a appelé. D'une voix compassionnelle, comme en s'excusant, elle m'a annoncé que la fin était imminente. Le corps commençait à lâcher. Les reins, les poumons, le cœur. La vie, quoi. La médecine, que nos aïeux sacerdotaux avaient servie depuis sept générations et qui faisait parfois des miracles, cédait devant un mal trop puissant, mais du moins avait-elle encore la faculté de triompher de la douleur. Laurent s'est éteint, glissant sur l'eau de l'aube, à quatre heures et deux minutes du matin. Avant de m'effondrer, j'ai pensé à notre mère, dont il était le beau, le terrible, l'irrésistible souci, et à qui cet immense et ultime chagrin aura été épargné, et je me suis rappelé alors le mot du général de Gaulle, lorsque sa fille trisomique, Anne, mourut à vingt ans dans ses bras, derrière un rideau de cretonne de la Boisserie et ses vieux murs cachotiers couverts de lierre : « Maintenant, elle est comme les autres. » Maintenant, et pour toujours, Laurent est comme les autres. En mieux.

2

J'avance dans l'été 2021 comme un étranger sur une terre inconnue, où tout, même un simple survol de la colline assoupie par des nuages blancs effilochés, le parfum proustien de l'herbe coupée ou les roucoulements rauques de pigeons ramiers perchés en haut du saule pleureur, arbre plaintif, me semble irréel. C'est que je ne m'habitue pas à n'être plus sur le qui-vive. Ni mon esprit ni mon corps ne consentent à la paix, après une guerre intime dont le spectacle des ruines et les prières me hantent. J'ai perdu les raisons de mon angoisse perpétuelle, animale, mais je ne l'ai pas effacée.

Il y a un an, à la même époque, sous un soleil de vacances, je passais le plus sombre de mon temps à l'hôpital Broca, où, malgré les doses massives de morphine qui la faisaient délirer et chantonner, entre deux grimaces, de lointaines comptines, encastrée dans de gros coussins modifiables et thérapeutiques, ma mère devenue squelettique souffrait le martyre. Et lorsque je n'étais pas à ses côtés, pour lui prendre et caresser la main, je guettais jour et nuit l'appel des médecins, qui me prédisaient le pire depuis qu'on lui avait diagnostiqué une escarre sacrée, inguérissable et potentiellement létale. Cet inéluctable processus de fin de vie, je devais non seulement le lui cacher, mais aussi le dissimuler à Laurent, que, chaque début de semaine, dès ma sortie de cet hôpital gériatrique, j'allais voir dans la maison familiale de Bray-sur-Seine où ses tantes merveilleuses, Christiane l'aînée, Marie-Claire la cadette, les deux sœurs de notre mère dont elles étaient inséparables (ensemble, main dans la main sur la pelouse, elles figuraient trois dianes peintes en douce par Fragonard), l'accueillaient pour l'été. J'arrivais, en fin de journée, par la route de Montereau qui traverse les champs céréaliers de la Brie champenoise et longe un chapelet de sablières, les bras chargés de gâteaux, de fruits et de fausses bonnes nouvelles. De sandales, aussi, de polos XXL et de bermudas hors taille, qu'il ne mettrait pas.

Car, malgré la chaleur, Laurent était habillé comme en hiver, anorak, pantalons épais et grosses chaussures, avec, toujours, dans la main, un carnet dans lequel il établissait sans fin des listes mystérieuses de noms, d'adresses, de numéros de téléphone, de dates et de rendez-vous improbables, consignait de cabalistiques miscellanées. Il m'accueillait par un immuable « Bonjour mon frère », qu'il prononçait, en souriant, avec une voix de prélat désabusé. Je m'asseyais près de lui, au pied du très vieil acacia de ce jardin oblong où nous avions grandi, pour lui raconter mon après-midi. « Maman va mieux. Elle se repose. Elle voudrait tellement être ici, à Bray. Tu lui manques beaucoup. Elle a fait placer près de son lit un de tes tableaux les plus ensoleillés, tu sais, celui où le jaune d'œuf avale une grosse orange sanguine. Ainsi, elle se réveille et s'endort avec toi. Tu l'apaises. Tu lui donnes de la joie. Tu la soignes. Elle t'embrasse très fort. »

Laurent m'écoutait d'une oreille faussement distraite. J'essayais de fixer son regard avec tendresse et bienveillance. Il fuyait le mien, comme s'il craignait que, cessant soudain de feindre, j'énonce un méchant diagnostic. Il détestait les hôpitaux, mais trouvait réconfortant de savoir notre mère en lieu sûr, entourée d'infirmières. « C'était vraiment trop dur pour elle, à la maison, martelait-il sur un ton presque colérique, et moi, tu comprends, je n'en pouvais plus, je n'en pouvais plus, je n'en pouvais plus. » Car il habitait le même immeuble qu'elle, l'aidait souvent à se lever, à se coucher, contribuait, avec notre nièce attentionnée, Clémence, à organiser sa vie quotidienne, médicamenteuse et alitée. Je lui disais, une fois encore, combien il avait été formidable d'être demeuré, jour après jour, aux côtés de notre mère, tordue sur son petit lit de douleur, de plus en plus exsangue et asséchée, mais refusant mordicus qu'on l'hospitalise au prétexte

que, là-bas, les maladies nosocomiales prolifé-
raient et qu'elle attraperait le coronavirus. Jusqu'au matin de mai où, en hurlant, elle avait
demandé grâce et m'avait supplié de la conduire
aux urgences de Cochin. Le corps rongé par
l'ostéoporose, souffrant d'un rétrécissement aor-
tique et de nombreuses fractures vertébrales,
incapable du moindre mouvement, épuisée par
une arythmie et une insuffisance cardiaques,
pesant à peine quarante-sept kilos, assommée par
les analgésiques et les antalgiques, elle dépérissait
à vue d'œil. Son beau regard noisette s'était soudain assombri, il n'était plus tourné que sur sa
souffrance, qui commandait, sans aucune trêve, à
ses jours et ses nuits. Même la religion, qui était
son socle et son Ciel, ne semblait plus lui être
d'aucun secours ; sur sa table de nuit, les magazines catholiques auxquels elle était abonnée et
que je lui apportais dormaient sous la cellophane
et ses livres de prières n'étaient plus ouverts. Pour
la première fois de sa vie, à quatre-vingt-neuf ans,
ma si vaillante maman capitulait.

3

Je l'ai toujours connue invincible. Je n'ai jamais su d'où, ailleurs que dans la foi et la passion de l'art italien, elle tirait sa force, son inexpugnable joie de vivre, sa juvénile allégresse et sa faculté de garder, autrefois, le dos droit. Même à la fin, dans son appartement qu'elle ne quittait plus, arc-boutée sur un large déambulateur à roulettes dont elle avait fait son unique siège et qu'elle appelait sa « Rolls », alors que son profil perpendiculaire lui donnait désormais l'aspect d'une longiligne statuette de Giacometti qu'une chute aurait pliée en deux, elle résistait encore, le sourire aux lèvres, un enfantin sourire, oh, comme je l'aimais, ce sourire, et comme j'aimais me pencher pour embrasser son front sans rides.

Rien, en apparence du moins, ne l'avait jamais détournée de sa vocation au bonheur, de sa propension à l'émerveillement. Ni la mort d'Olivier, mon jumeau – nous avions à peine six ans et elle, tout juste trente –, renversé un dimanche sur une route de campagne par un chauffard, Olivier dont elle avait bercé le petit corps ensanglanté jusqu'à l'hôpital le plus proche en psalmodiant, avec mon père qui conduisait, de déchirants et inféconds «Je vous salue Marie, pleine de grâce, le Seigneur est avec vous, vous êtes bénie entre toutes les femmes et Jésus, le fruit de vos entrailles, est béni. Sainte Marie, Mère de Dieu, priez pour nous, pauvres pécheurs, maintenant et à l'heure de notre mort». Ni, dix ans plus tard, la chute de cheval, un trotteur dément lancé au triple galop dans la forêt de Rambouillet, qui coûta la vie à son mari, à notre père, et fit d'elle une jeune veuve que rien n'avait préparée à devoir porter, seule, une petite famille démantibulée: moi, l'aîné, amputé de son double, trop replié sur moi-même, comme blessé de l'intérieur, ma sœur cadette Nathalie aux yeux bleus et au cœur pur, et notre Laurent, conçu trois ans après la disparition d'Olivier, assigné depuis sa naissance à effacer le cauchemar de l'enfant qui n'aura jamais grandi, dont le visage mélancolique, saisi à la campagne, à la montagne, au pied de Notre-Dame ou dans le jardin de Cluny, était encadré, ainsi qu'un péremptoire rappel à l'ordre de la mémoire, sur tous les meubles vernis de l'appartement, Laurent, sommé d'occuper la place fluctuante d'un songe, de glisser ses pas incertains dans le sillage d'un elfe et les traces d'une ombre, de survivre à un désastre qui l'avait précédé et dont il ne savait rien.

Je regarde aujourd'hui des images de Laurent

petit. Il a, comme Olivier, les traits fins et gracieux. Son regard sans cesse s'évade et s'égare. Il est ailleurs. Il habite un univers parallèle, qu'aucune loi ne régit. Même lorsque – la photo a été prise par mon père cavalier – je place Laurent, alors âgé de cinq ou six ans, sur la selle du cheval que, adolescent, je viens de monter et dont je tiens ferme le filet, pour le promener, au pas, sur un sentier des hauteurs de Saint-Laurentsur-Mer, il a l'air indifférent. Ni heureux ni malheureux. Hors sol, hors normes. Je me souviens qu'il a tardé à parler. Il ne communiquait guère, se préparait déjà à se soustraire au monde réel et à ignorer les écoles, dessinait beaucoup ou plutôt hachurait des pages blanches avec des crayons de couleur. Aucun de nous, à l'époque, n'imaginait que la peinture deviendrait son principal mode d'expression et serait le plus apaisant de ses refuges. Seul Henry Bauchau, le romancier de *La Déchirure* et d'*Œdipe sur la route*, le poète de *La Sourde Oreille ou le Rêve de Freud*, également psychanalyste, chez qui, rue de la Grange-Batelière, à Paris, Laurent, à douze ou treize ans, se rendait chaque semaine pour se confier et se dénouer avec un pinceau, avait compris combien l'art, surtout dans ses formes primitives, brutes, naïves, était son vrai langage et la mémoire pigmentée des garçons silencieux, oublieux.

Notre mère courage n'a jamais rien voulu montrer des tourments que ce fils différent, qui partageait sa vie et dont elle reprisa les pantalons déchirés et les polos usés jusqu'à son dernier souffle, pouvait lui causer. Elle l'incitait à peindre, lui trouva un atelier près de la Bastille, passage Saint-Sébastien, afin qu'il pût chaque jour y *travailler*, planifiait dans une galerie de la Nouvelle Athènes l'exposition annuelle de ses tableaux aux couleurs vives de vitraux sur lesquels tape le soleil chrétien, favorisait ses dons clandestins et négligeait de reconnaître ses handicaps visibles. Faute de l'avoir identifiée, avait-elle seulement soupçonné la nature du syndrome dont, plus gravement que nous, ses autres enfants, il avait hérité ? Aujourd'hui encore, je l'ignore.

Lorsque, en 2010, la science a fini par lever le secret qui pesait depuis si longtemps sur notre famille, je ne lui en ai rien dit. Je ne voulais pas ajouter un drame à ceux qu'elle avait vécus et admirablement surmontés. Je me refusais à lui imposer une vérité, dont je craignais qu'elle la fît souffrir et reconsidérer, avec les mots cruels de la médecine génétique, le destin de Laurent, l'avenir de tous les siens, et même le souvenir d'Olivier. Je ne pensais qu'à l'épargner. Rien ne devait empêcher ma rayonnante maman de resplendir. Rien ne devait ombrer le temps qu'il lui restait à vivre. Rien ne devait chagriner son si beau visage de *Madone Litta* allaitant son enfant, qui tient le sein de sa mère dans une main, un chardonneret dans l'autre, sous deux fenêtres où bleuissent les ciels de Lombardie. Je ne saurai jamais si j'ai eu raison ou tort.

4

C'est un médecin de la famille, psychiatre hospitalier, qui m'a mis un jour dans la confidence
et incité à la vigilance. Il me suggérait de faire,
sans tarder, des analyses génétiques. Car il sus-
pectait la transmission, depuis mes arrière-
grands-parents maternels, d'une anomalie du
gène de l'X fragile. Trop de symptômes, relevés à
la troisième et à la quatrième génération, avaient
fini par l'alerter : handicap mental, difficultés
scolaires, anxiété sociale… Il ne voulait pas croire
au hasard. Il ne s'accommodait pas d'une suite
troublante de circonstances malheureuses ni de
voir s'abîmer une parentèle jadis avantageuse. Il
soupçonnait surtout un lien entre ces affections,
qui touchaient les filles et plus encore les garçons : le syndrome de l'X fragile, dont les ravages
ont longtemps été ignorés et les victimes, difficiles à diagnostiquer, le mécanisme moléculaire de
ce syndrome n'ayant été découvert qu'en 1991.

Il m'expliqua pourquoi cette maladie génétique, dont il lui semblait probable que Laurent

était atteint, entraînait le plus souvent, ici et là, un déficit intellectuel, des troubles sévères du comportement, proches de l'autisme, des obsessions compulsives, d'irréparables retards de langage, des crises d'épilepsie, des ménopauses précoces, et des anomalies physiques. Pour en avoir le cœur net et enrayer cette machine à fabriquer des drames, il demandait à tous les membres de notre vaste famille de procéder à ces analyses et plus particulièrement à ceux qui, comme moi, étaient pères d'une fille (je ne pouvais pas en effet transmettre ce gène défectueux à mes deux fils).

Après son départ, je me suis jeté sur Internet et les sites médicaux, où j'ai découvert l'origine et le développement de l'X fragile. Je préfère transcrire que réécrire, à ma façon, et sans en avoir la compétence, et sans tout comprendre, ce qui relève de la science seule et indispose la littérature. « Il s'agit d'une mutation dynamique par amplification de triplet CGG (cytosine-guanine-guanine) qui survient en deux étapes au cours des générations. En amont de la région promotrice du gène FMR1, existe une région de séquences répétées (triplets CGG) comportant dans la population générale moins de 55 répétitions. Dans les familles affectées par l'X fragile, un grand-père ou une grand-mère est porteur d'une prémutation, c'est-à-dire entre 55 et 200 CGG, donnant un caractère instable à cette structure. Cette mutation instable va avoir tendance à s'amplifier lors de son passage de génération en génération quand elle est transmise par une femme. Si elle est portée par un homme, il la transmet sans amplification à toutes ses filles qui transmettent à leur tour à 50 % de leurs enfants une mutation qui peut rester à l'état de prémutation ou être amplifiée en mutation complète (plus de 200 CGG). Le risque d'amplification en mutation complète lors d'une méiose féminine dépend de la taille de la prémutation chez la mère. La mutation complète provoque une méthylation du gène FMR1 qui bloque son expression ; c'est l'absence de synthèse de la protéine FMRP (Fragile X Mental Retardation Protein), qui est responsable des symptômes du syndrome de l'X fragile. »

Ailleurs, je relève cette description clinique : « Le syndrome de l'X fragile (FXS) se présente avec un phénotype clinique variable. Chez les hommes, la maladie se manifeste pendant l'enfance par un retard de développement. La déficience intellectuelle peut être de gravité variable et peut inclure des problèmes de mémoire de travail et de mémoire à court terme, de fonctions exécutives, de mathématiques et de capacités visuo-spatiales. Les troubles du comportement peuvent être légers (anxiété, instabilité de l'humeur) ou graves (comportement agressif, autisme). Les comportements de type autistique peuvent inclure des battements de mains, un mauvais contact visuel, des morsures des mains, l'évitement du regard, la phobie sociale, des déficits sociaux et de communication et l'évitement sensoriel. Chez les femmes, les troubles intellectuels et comportementaux sont plus légers et se composent généralement de timidité, d'anxiété sociale et de quelques problèmes d'apprentissage avec un QI normal, même si 25 % des filles ont un QI inférieur à 70. Le trouble déficitaire de l'attention avec hyperactivité (TDAH) est présent chez plus de 89 % des hommes et 30 % des femmes et la désinhibition comportementale est très courante. Des otites (60 %) et des crises d'épilepsie (16 à 20 %) récurrentes peuvent également être observées. »

Et, sur le site de l'Association Perce-Neige, à laquelle j'étais allé demander de l'aide, au lendemain de la mort de notre mère, afin de trouver un lieu de vie et de donner un avenir à Laurent : « Le syndrome de l'X fragile est une maladie génétique rare, la deuxième cause de retard mental après la trisomie 21 et la première cause de retard mental héréditaire. Il s'agit d'une affection liée au chromosome X dont les manifestations et l'hérédité sont inhabituelles. Des hommes normaux (XY) peuvent être porteurs et transmetteurs et des femmes (XX) peuvent exprimer la maladie. Le syndrome de l'X fragile est dû à une anomalie d'une partie de l'ADN située dans et à proximité du gène FMR1 (Fragile Mental Retardation) sur le chromosome X. Le gène FMR1 permet la fabrication d'une protéine qui joue un rôle important dans la connexion des cellules nerveuses entre elles. Dans le cas du syndrome X fragile la production de cette protéine semble bloquée. »

Page après page, j'apprends qu'il n'existe aucun traitement spécifique. Le mal court, selon l'expression de Jacques Audiberti, il est sournois, résistant et invincible. Faute de pouvoir guérir, il s'agit donc de prévenir. D'empêcher désormais la propagation de la pathologie. De mettre un coup d'arrêt à son amplification. Mais, dans ma tête, tout se bouscule. Si Laurent est atteint de cette maladie, notre mère est, à son insu, forcément porteuse de la mutation. Et à moi, son unique fils aîné depuis la disparition d'Olivier, qu'a-t-elle donc transmis sans le savoir ?

J'ai soudain l'impression de forcer et d'entrebâiller, au sous-sol d'une très ancienne demeure familiale, où j'ai ma part d'héritage, une porte interdite et vermoulue derrière laquelle dorment, d'un sommeil agité, des secrets bien gardés, des dommages informulés, des souffrances inexpliquées. J'avance, une lampe torche à la main, à pas comptés, dans le labyrinthe des miens, qui me sourient avec une affection un peu navrée. La poussière du temps me prend à la gorge. Le passé tousse. Des ombres s'éclipsent. Des voiles sont tirés pour dissimuler des disgrâces, masquer des infortunes. On joue du piano pour étouffer des cris. Tant d'aïeux médecins, du côté maternel comme du côté paternel, tant de chirurgiens depuis les champs de bataille napoléoniens, tant d'explorateurs du cerveau, du foie ou des poumons, tant de cliniciens du grand âge et de la prime enfance, tant de chercheurs émérites, tant de soigneurs bienveillants, et pas un pour diagnostiquer les gènes défectueux ni étudier l'hyperméthylation de l'ADN. Les cordonniers sont toujours les plus mal chaussés.

En février 2010, avec ma fille, nous nous sommes donc rendus à la consultation génétique de la Pitié-Salpêtrière. Trois mois plus tard, les résultats sont tombés, irréfutables. Je portais bien une prémutation dans le gène FRAXA (62 répétitions CGG). «Ceci implique, ajoutait le rapport du médecin, que vous avez vraisemblablement transmis cette anomalie génétique à votre fille, car vous lui avez transmis votre chromosome X. En revanche, ayant transmis votre chromosome Y à vos garçons, il n'y a pas de risque qu'ils aient hérité de l'anomalie génétique.» La suite, peu engageante, faisait planer une menace sur mon avenir: «Vous avez un risque éventuel de développer des troubles neurologiques (syndrome FXTAS). Si des symptômes pouvant évoquer ce syndrome devaient apparaître (tremblements, trouble de l'équilibre, etc.), vous pourriez prendre rendez-vous avec des neurogénéticiens spécialisés dans cette pathologie.» Et à ma fille, également porteuse d'une prémutation, on préconisait un diagnostic prénatal en vue d'une éventuelle, et tellement souhaitée, future grossesse.

Huit ans plus tard, elle donnait naissance à une sublime, pénétrante et rayonnante fille aux yeux bleu foncé, dont la beauté, la volonté farouche et l'incroyable précocité intellectuelle cachent bien qu'elle est, elle aussi, porteuse de ce mal que, sans le savoir, sans le vouloir, je lui ai transmis. L'amour que je lui voue depuis sa venue au monde ; l'émotion frémissante que j'éprouve chaque fois que je la vois et qu'avec câlinerie elle m'appelle « mon Popa d'amour », me murmure dans l'oreille des « je t'aime de mille feux » ; la force incroyable qu'elle ne sait pas m'avoir donnée lorsque je sortais, anéanti, de la Maison Jeanne-Garnier ou de l'hôpital Pompidou et qu'elle me rendait, sur l'autre rive de la Seine, le moral et l'espoir perdus, qu'elle me galvanisait du haut de ses deux puis trois ans, qu'elle me serrait la main dans les jardins publics avec une fermeté qui interdisait l'affliction et les larmes ; tout cela, bien au contraire, ne suffit pas à éloigner le tourment que m'inspire, pour son avenir de femme, la fille de ma fille, ni à effacer la culpabilité déraisonnable, irrépressible, inépuisable qui me ronge. Qu'un sang impur...

J'ai beau me répéter que je n'y suis pour rien, je me sens responsable d'avoir propagé ce dont j'ignorais avoir hérité. Et d'ombrer ma petite-fille adorée, ce petit grand soleil.

5

Et puis, un jour, maman a cessé de danser.
C'était à l'approche de ses quatre-vingts ans.
Son corps, lentement rongé et déformé par une
ostéoporose qu'elle négligeait de soigner, si peu
soucieuse qu'elle était de sa santé, mais si soucieuse de celle des autres, et si peu consomma-
trice de médicaments (elle croyait plutôt aux
vertus tamisées des tisanes de passiflore, des pas-
tilles Pulmoll, des gommes Valda et de l'homéo-
pathique L52), l'a trompée en même temps
qu'elle le malmenait. Après une chute, un été,
dans un jardinet de Noirmoutier, où, disait-elle,
elle faisait « la folle » et valsait avec une amie
d'enfance, elle a été saisie de terribles douleurs
dorsales, et il m'a fallu des prévenances d'ambu-
lancier pour la ramener, quelques jours plus
tard, à Paris en voiture. Toute recroquevillée
sur son siège, appréhendant le moindre faux
mouvement ou un dos d'âne sur la route, elle
souffrait en silence, et je lui jetais des coups
d'œil attendris en conduisant, sans oser lui dire,

comme par crainte d'ajouter un mal à un mal, de réveiller une très profonde hémorragie, une lointaine mutilation, que j'écrivais alors un récit sur Olivier, son fils perdu, mon jumeau disparu, dont le temps n'en finissait pas d'accentuer le manque.

L'année d'après, elle est tombée en courant sur le boulevard Saint-Germain, et a eu le bassin fracturé. Peu à peu, son beau corps svelte s'est courbé, elle l'a entouré nuit et jour d'une large ceinture lombaire noire, soutenu avec des béquilles puis accroché à un déambulateur. Les jambes, qui n'avaient pas oublié un double pontage fémoral, ne la soutenaient plus, le cœur arythmique l'affolait et le dos était devenu son cauchemar quotidien. Je l'avais emmenée passer, en 2013, une IRM à la Salpêtrière et j'entends encore le verdict du médecin, médusé par la pathologie dégénérative que l'image lui avait révélée : plusieurs fractures vertébrales et surtout un rétrécissement tel du canal rachidien au bas du dos qu'il se demandait comment maman pouvait supporter des lombalgies si aiguës, des douleurs si fortes, dues à la compression torturante des racines nerveuses. Elle avait haussé les épaules, manière de dire que souffrir était désormais son verbe quotidien, et que, somme toute, ça n'était pas si grave.

Elle a pourtant continué de vivre. Seul son sourire éclatant, généreux, témoignait de sa jubilation passée. Sa résistance défiait l'entendement et la Faculté. Je la vois encore, couchée dans une chambre du service de médecine générale de l'hôpital Cochin, pendant l'été 2015. Elle venait de réchapper à la mort. Elle avait « oublié » de boire – « tu sais bien, mon chéri, que je n'aime pas l'eau ! » – pendant les grandes chaleurs, son taux de sodium dans le sang s'était effondré, elle avait perdu ses esprits, était tombée dans le coma, avait été placée en réanimation artificielle et intubée, le médecin était convaincu que les séquelles neurologiques seraient irréparables. « Je suis très pessimiste pour l'avenir de votre mère, elle ne sera plus la même », m'avait-il annoncé dans un box plus étroit qu'une cabine téléphonique. Et une semaine seulement après m'avoir supplié, sans autre langage que celui de ses yeux épouvantés, d'une grimace atroce et en me broyant la main, de lui arracher le tube enfoncé dans sa gorge, elle repoussait, depuis son lit de convalescence, le potage verdâtre qu'une infirmière venait de lui présenter : « Immangeable, m'avait-elle lancé, hilare et dégoûtée, c'est du brouet ! » Je riais à mon tour de ce merveilleusement démodé « c'est du brouet », qui signait sa résurrection et son autorité de vieille dame espiègle. Même malingre, cassée, rapetissée, désorientée, ma mère restait une incroyable force de la nature. Elle y ajoutait, en toute occasion, fût-ce sous perfusion, une grâce mozartienne. Maman était une fugue, une sonate pour piano, une fantaisie en *ré* mineur, une flûte enchantée.

Il y eut encore, l'été suivant, une nouvelle alerte. Botanique, cette fois. Assise sur le siège de son déambulateur dans le jardin de Bray-sur-Seine aux pelouses ventrues et arrondies, maman arrachait, le long de la jolie allée de noisetiers verts et pourpres, quelques mauvaises herbes, nettoyait un massif à l'abandon, se penchait, comme si elle voulait plonger, sur les fleurs de son enfance. Pendant les jours qui suivirent, sa peau s'enflamma, ses jambes, déjà marquées par une insuffisance veineuse, gonflèrent et rougeoyèrent, elle se coucha, fiévreuse et épuisée. Le médecin du bourg diagnostiqua un érysipèle et l'envoya, en ambulance, à l'hôpital de Provins. Je la retrouvai, allongée sur un brancard dans un couloir des urgences, où elle m'accueillit avec un mélodieux « mais il ne fallait pas venir, mon chéri, tout va bien ». Non, tout n'allait pas bien, et il fallut deux semaines pour venir à bout de l'infection bactérienne et que sa peau à vif s'apaisât. Rentrée à Paris, elle tomba alors, tête la première, sur la cheminée en marbre de sa toute petite chambre et s'ouvrit le front. Cochin, puis Broca, le circuit hospitalier lui elle était devenu familier. Elle avait fini par s'en amuser, regrettant seulement, depuis tant d'années, de m'y entraîner chaque été, de « gâcher » mes vacances avec mes enfants. Je la délestais aussitôt de ses remords. Car je savais qu'elle me voulait près d'elle, dans ces moments si difficiles.

Car j'aimais être près d'elle. Lui masser les mains tavelées d'éphélides, lui apporter des crèmes réparatrices pour sa peau trop sèche, l'aider à se laver les dents, lui couper les ongles, lui donner à boire un jus de raisin avec une paille, lui raconter le dernier spectacle d'Anne-Marie, lui montrer des photos de Gabriel, Jeanne, Clément, Hava, Joshua, Marie, Lou, Thelma, Esther, Marcel… En la rassurant, je me rassurais aussi. Elle sortirait de l'hôpital, la vie continuerait, sa vieillesse n'était qu'une infection saisonnière, il n'y avait pas de tragédies, il n'y avait que des tracas. J'étais devenu un as de l'illusion. Je m'appliquais à l'insouciance. Je voulais croire aux lendemains qui chantent. Je la voyais plus jeune, je me voyais moins âgé. Après tout, nous avions eu notre compte de malheurs, il fallait maintenant travailler le bonheur au corps, fût-il en capilotade.

En roulant, chaque mois d'août, dans un Paris désert et surchauffé, pour aller la voir à l'hôpital, je rendais même grâce aux maladies, qui, durant la dizaine d'années où elle les a combattues, où nous les avons affrontées ensemble, nous ont rapprochés et soudés comme jamais auparavant. Alitée, empêchée, sans se forcer à la gaieté, qui était l'expression de sa pudeur, sans non plus tourbillonner jour et nuit – lorsque j'étais petit, grippé et couché, elle me faisait écouter *Le Tourbillon de la vie*, chanté par Jeanne Moreau, j'ai compris longtemps après que c'était son ordonnance, sa résolution et son hymne –, maman donnait libre cours à ses souvenirs, ses confidences, son infinie tendresse. À ses inquiétudes, aussi, pour l'avenir de Laurent, dont les égarements et les incartades lui étaient de plus en plus incompréhensibles et intraduisibles. Pour l'apaiser, je lui racontais de belles histoires, des galops sur les plages normandes à la frontière mousseuse du sable et de l'eau, des films avec son ami de cœur, son frère de foi Michael Lonsdale (ils allaient parfois à la messe en se tenant par le bras, claudiquant à la manière de Monet et Clemenceau sur le pont des soupirs, dans le jardin de Giverny) ou les portraits qu'avait faits son cher Erik Orsenna, dont le rire en cascade la contaminait, de La Fontaine, Beaumarchais et de Madame Bâ. Pour me tranquilliser, sans jamais regretter mon éloignement des lieux saints, voulant croire au contraire qu'il était provisoire, elle me disait qu'elle avait la foi et qu'il y avait une vie après la vie. On se répétait qu'on s'aimait. On se regardait les yeux dans les yeux. La maladie avait aboli notre réserve naturelle et réciproque, qui était apparue au lendemain de la mort de son mari, de mon père. On en souffrit alors sans en parler ; le soir, lumières éteintes, on écoutait ensemble de la musique baroque, et cela suffisait à nous unir. Longtemps, entre nous, les mots graves ont ainsi été écartés. On les jugeait déplacés et surtout inutiles. Chanté par Callas ou Alagna, « J'ai perdu mon

Eurydice, rien n'égale mon malheur, je suc-
combe à ma douleur », de Gluck, exprimait ce
qu'on ne pouvait pas se dire. Il en est toujours
resté, entre nous deux, une manière d'esquiver
ce qui fait mal et de surjouer la bonne humeur.
De mettre de la comédie sur la tragédie.

L'ultime hospitalisation fut pour elle un calvaire. Très tôt, je sus que, cette fois, elle ne s'en
relèverait pas. Qu'elle ne reviendrait jamais dans
l'appartement situé au nord, toujours ombré, où
avaient vécu son grand-père puis ses parents, où
elle avait grandi, où nous étions nés, où elle avait
vieilli, et d'où elle vouvoyait l'église Saint-Séverin,
son autre maison mère au style qui lui convenait si bien, le gothique flamboyant. Qu'elle ne
retournerait plus dans le vieux relais de poste
de Bray-sur-Seine, qui fut la dépendance de son
grand âge, une Cerisaie familiale que rien ne
menaçait, où l'on avait improvisé pour elle une
chambre sommaire au rez-de-chaussée, avec vue
frontale sur l'acacia tricentenaire, dont la fron-
daison, disait-elle, la protégeait et la fortifiait. Et
qu'elle se préparait maintenant à nous dire
adieu.

Ce fut pendant le premier confinement. En
avril 2020. Un matin, elle ne parvint plus à se
lever. Même en redressant le dossier de son lit
médicalisé, elle hurlait sous les assauts de la douleur, et aucun antalgique ne pouvait l'apaiser.
Elle ne dormait et ne mangeait presque plus. Son
visage se creusa, son regard se perdit dans le vide.

Son corps raidi ne souffrait plus aucun mouvement, ne supportait plus d'être touché, même
effleuré. Venus la chercher pour l'emmener à
l'hôpital, les ambulanciers du SAMU crurent un
instant ne pouvoir la transporter tellement elle
criait – j'entends encore ses cris, je crois que je
ne les oublierai jamais –, tellement son dos la
torturait, tellement son angoisse était violente.
La descente de la civière depuis le quatrième
étage fut un chemin de croix. Et puis, dans un
box des urgences de Cochin, elle se tranquillisa
soudain. Elle serait soignée. Elle mangea même
les gâteaux secs que je lui avais apportés. C'est la
dernière fois qu'elle a plaisanté sur son sort, et
les soucis qu'elle me causait. Un instant, elle se
persuada que la tempête était passée. Elle avait la
beauté maigre, un peu sauvage, d'une rescapée
de l'horreur. Dehors, le soleil de mai éclatait. Il
était inconvenant.

La trêve fut brève. Transférée dans un autre
service de Cochin, elle reprit le chemin de la
douleur. On lui administra de la morphine, qui
provoqua aussitôt d'effrayantes hallucinations.
Elle se croyait debout et pensait qu'elle allait
tomber de tout son haut, quand elle était couchée. Elle demandait à être allongée, quand elle
l'était déjà. Elle avait la sensation que le plafond
de la chambre descendait pour l'écraser. Elle
confondait le jour et la nuit. Elle voyait double,
ou triple. Elle appelait sans cesse au secours les
infirmières. Elle se plaignait de ne jamais trouver

de répit ni, sur son lit, la position qui soulagerait son corps souffrant. Elle offrait, à celles et ceux qui venaient la visiter, le spectacle de son supplice, sans plus désormais se forcer à leur sourire, sans s'ingénier, comme elle en avait autrefois l'habitude, à leur mentir.

Impuissants ou déconcertés, les médecins m'annoncèrent, un matin du début du mois de juillet, qu'ils ne la garderaient pas, que sa place était à l'hôpital Broca, qu'elle connaissait bien pour y avoir séjourné, où l'on savait mieux traiter les maladies des personnes âgées. Elle n'opposa aucun argument à son déménagement. Elle ne luttait plus. Elle rendait les armes. J'ai compris alors qu'elle ne les reprendrait pas. Elle entrait, en plein été, dans son dernier hiver. Plus légère que l'air, elle se laissa transporter de la rue du Faubourg-Saint-Jacques à la rue Pascal. À peine un kilomètre. Sur la table de nuit de sa nouvelle chambre, je disposai son poste de radio, pour qu'elle puisse écouter ses deux grandes alliées, France Musique et Radio Classique, un réveil aux aiguilles fluorescentes pour lui donner les heures qu'elle disait avoir perdues (je l'ai gardé, après sa mort, afin d'y lire le temps qui lui fut compté, le temps de ma vie sans elle), des livres de Colette, de François Cheng et de Christian Bobin, qu'elle aimait tant, mais ne lirait pas, une liasse des journaux et revues catholiques auxquels elle était abonnée, et, bien en évidence, son téléphone portable, un petit Nokia à clapet et sans âge aux chiffres effacés, son seul lien avec l'extérieur.

Pendant tout cet été atroce, elle allait s'en servir nuit et jour pour me conjurer de venir la chercher, m'ordonner de l'exfiltrer de cet hôpital où, se lamentait-elle, on l'«empoisonnait», on la «torturait» en la soulevant à l'aide d'un harnais au bras articulé placé au-dessus de son lit afin de pouvoir, sans la brimbaler, procéder à sa toilette, et d'obtenir du médecin qu'il cesse aussitôt de lui prescrire de la morphine, seul antalgique – c'était vrai – à la faire «délirer». J'avais beau savoir que tout était fait pour son bien et connaître le dévouement des soignants, leur prévenance à son égard, j'étais désemparé lorsqu'elle m'appelait pour me dire, d'une voix pâteuse et médicamentée à l'autorité égarée : «Je suis aux Enfers, je t'en supplie, mon chéri, sors-moi de là, au plus vite.»

Le lendemain, je la trouvais, lovée sur son lit au milieu de gros coussins qui épousaient et figeaient son corps de plus en plus maigre. Elle me chantonnait des berceuses d'autrefois, me murmurait des prières fatiguées, des psaumes de catéchisme, divaguait comme une fillette fiévreuse, dérivait vers des contrées qu'elle était seule à connaître, ou à ignorer encore. J'humectais son front, caressais sa main, tendais vers ses lèvres sèches la paille puérile d'une bouteille d'eau gazeuse (la plate était déconseillée). J'étais soudain son fils, son père, son mari. Je lui parlais

longtemps, à voix basse, dans l'espoir de la retenir sur le rivage du monde.

Elle y accostait certains jours et retrouvait ses
esprits. Je l'emmenais alors, dans un fauteuil roulant équipé pour des tétraplégiques, jusqu'au
petit jardin de l'hôpital, où l'on se postait à
l'ombre, entre deux massifs odoriférants, pareils
aux personnages de Beckett, qui attendent Godot
en chassant les mouches et les abeilles. Elle avait
maintenant la peau sur les os et son visage s'était
terriblement creusé, raviné, absenté, mais elle
s'accrochait encore à la vie d'avant en donnant
un nom à chaque arbuste, à chaque fleur, à
chaque oiseau, en célébrant le plus petit brin
d'herbe. Elle imaginait, en plein Paris estival,
qu'elle était à Bray, qu'elle se rapprochait douce-
ment de ses pelouses bedonnantes et familières
des bords de Seine, où sa mère écossait un à un
les haricots verts et son père s'endormait, en ro-
nflant, sur les épais *Mémoires* de Saint-Simon pendant que nous jouions, Olivier et moi, sur le tas
de sable. J'allais lui chercher un thé froid, dont
elle ne buvait qu'une gorgée, et une madeleine,
qu'elle respirait sans la manger. Je lui prenais les
mains comme un enfant, au square, qui ne veut
plus s'amuser et se blottit dans le giron de sa
maman. J'essayais de la rassurer, non sur son avenir – elle n'a jamais cru qu'elle se relèverait, elle
se laissait dériver –, mais sur celui de Laurent, qui
l'obsédait, dont je lui promettais de m'occuper.
« Il est si fragile », me chuchotait-elle sans savoir

combien cet adjectif était d'une absolue justesse. Fragile, pour elle, signifiait faillible, délicat, précaire, sensible, fugace, cassable, menacé. « Il faudrait qu'il reprenne la peinture, qu'il habite toujours le quartier, qu'il continue à servir la messe à Saint-Séverin… » Je comprenais : comment va-t-il pouvoir vivre sans moi ? Et aussi : comment vais-je pouvoir partir sans lui ?

Parfois, un neveu, venu de Stockholm avec sa guitare, lui interprétait à ciel ouvert une chanson de Brassens. Ou Erik Orsenna, débarqué en voisin attentionné à l'improviste, accompagné de son sourire enjôleur, lui faisait écouter sur son iPhone le concerto de Mozart qu'il avait enregistré pour elle et lui décrivait, à sa demande, l'art méthodique avec lequel Le Nôtre avait dessiné et arborisé les jardins de Versailles, dont elle connaissait chaque parterre. Dans sa blouse bleue trop large de l'Assistance publique, royale et démunie, maman les remerciait d'un sourire doux et las, les mains jointes. Et puis, poussant son fauteuil entre les bosquets, au milieu de vieillards prostrés, démunis et solitaires, je la reconduisais dans sa chambre, à l'étage des sans-espoir. « À demain, maman. »

6

À la fin du mois d'août, les médecins de l'hôpital Broca acceptèrent qu'elle fût déplacée à la Maison médicale Jeanne-Garnier, où sont accueillis des patients en phase avancée ou terminale de leur maladie. Car, au fil de l'été, sans compter un aller et retour à l'Hôtel-Dieu pour enlever une tumeur cancéreuse dans le dos, mais fallait-il vraiment cette opération ?, les hypothèses les plus optimistes – un retour chez elle, avec assistance médicale jour et nuit ; un placement à La Collégiale, l'annexe de Broca transformée en hôpital de fin de vie ; un transfert dans un EHPAD – étaient tombées, les unes après les autres. Il lui fallait des soins palliatifs. Cela ne m'était pas dit, mais je le comprenais. Lorsque je lui annonçai, un soir, qu'elle allait partir pour cet établissement, situé dans le quinzième arrondissement de Paris, en lui vantant la qualité du lieu, et la présence, entre les murs, de La Xavière, une congrégation religieuse apostolique de spiritualité ignatienne, elle me

répondit : « Oui, je connais, j'y suis allée plusieurs fois dire adieu à des amies. » Un silence, et
puis : « C'est un mouroir. » Je restai sans voix. Je
lui objectai qu'elle y serait mieux, dans une
chambre plus jolie, un décor moins hospitalier,
et ajoutai que, si vraiment elle préférait rester à
Broca, je m'emploierais, je te le promets, à y
obtenir son maintien. D'une main découragée,
elle balaya ma proposition. « Non, non, c'est très
bien, Jeanne-Garnier... » Elle savait pertinem-
ment où elle allait, et pourquoi.

Dans la matinée du vendredi 4 septembre
2020, une ambulance la conduisit du 54 rue Pascal au 106 de l'avenue Émile-Zola. Cinq kilomètres dans Paris, via Montparnasse, son dernier
voyage. Il faisait beau et chaud, elle était blême,
ma petite maman si forte et si fragile. À l'arrivée,
devant la fenêtre de sa nouvelle chambre, un
grand arbre verdoyant la regardait. Quelques
semaines auparavant, elle y aurait trouvé du
réconfort, la douceur boisée d'un tableau de
Signac. Elle y était désormais indifférente. Elle
fermait les yeux sur le monde. Son sourire forcé
était d'une poignante tendresse fourbue. Elle ne
s'alimentait presque plus et avait soudain arrêté
de se battre, de se contorsionner sans cesse
contre la douleur. Elle était d'une immobilité de
marbre froid. Son impénétrabilité faisait peur.
Elle ne s'enquérait plus de ses visiteurs, comme
si elle aspirait à la solitude, sur une île imaginaire
et inabordable. Le mardi fut le seul jour où,

pendant quelques heures, elle donna le change, prétendit avoir faim, plaisanta sur son sort, offrit un étonnant regard clair, où se lisaient quelques illusions et bien des indulgences. Mais le répit – signe faussement heureux, me confirmèrent les médecins, d'un malheur à venir – ne dura pas.

Le lendemain, elle plongea dans le long sommeil qui précède l'agonie. Elle se détachait de la vie et aucun de nous ne pouvait plus la retenir. Et pourtant, elle ne voulait pas mourir. Pendant trois jours et trois nuits, elle résista. La gériatre de Jeanne-Garnier me dit qu'elle ne comprenait pas comment, alors que son corps était déjà une dépouille, alors qu'elle graillait, alors que son cœur était au plus bas et que son visage avait la rigidité d'un masque mortuaire, elle refusait toujours d'abdiquer. Répétées avec une douceur d'huile sainte, les exhortations de son infirmière : « Il faut partir, maintenant, madame Garcin » restèrent vaines. Maman demeurait parmi nous. Le jeune curé de Saint-Séverin vint lui donner l'extrême-onction que, par euphémisme, on appelle maintenant le sacrement des malades. À la nuit tombée, une kippa sur la tête, mon fils aîné Gabriel, converti au judaïsme, lui succéda pour réciter la prière kaddish, en pleurant sa grand-mère adorée, si fervente catholique, qu'il avait tant de fois entraînée à la synagogue, où elle s'émerveillait des concordances de temps et d'âme entre leurs deux religions, où elle exaltait cet « alléluia » qui unissait, dans l'allégresse, les liturgies hébraïque et chrétienne. Il y eut encore ses deux sœurs, et leurs enfants, soudés par la peine dans la trop petite chambre pour entonner à tue-tête, en rompant le silence sépulcral du lieu, *Les Champs-Élysées* de Joe Dassin. Le chœur en larmes et en joie entourait maman et semblait guetter sur les lèvres bleues de son visage marmoréen le souffle léger d'un couplet dérisoire : « Je m'baladais sur l'avenue le cœur ouvert à l'inconnu, j'avais envie de dire bonjour à n'importe qui, n'importe qui et ce fut toi, je t'ai dit n'importe quoi, il suffisait de te parler pour t'apprivoiser… »

Mais la famille n'était pas au complet. Un seul être manquait à l'appel de la mère, au faire-part de la mort. Il était pourtant le plus précieux. Son fils Laurent. Son grand petit garçon. Son émotif. Son informulé. Son attendrissant. Celui qu'elle s'obstinait à refuser de voir vieillir. Celui qui, chaque matin, lui préparait son petit déjeuner, faisait ses courses ordinaires, lui donnait le bras pour accompagner ses pas lents d'éternelle convalescente jusqu'à la cuisine, inchangée depuis les années d'après-guerre, qui sentait le vieux et le réchauffé. Celui avec qui, autrefois, à Noirmoutier, leurs deux chevalets se frôlant, elle peignait la tombée délicate du ciel atlantique sur les marais salants tandis que, de son côté, il représentait des paysages intérieurs et amniotiques – à elle, toutes les nuances de bleu, des verts amande, des roses pâles, à lui, le jaune d'or, le rougeoyant, l'orangé de Vendée. À elle, la joyeuse, des à-plats mélancoliques, à lui, le ténébreux, l'éclat du soleil à son zénith.

J'avais en effet choisi de laisser Laurent à l'écart du drame. Je ne voulais pas faire peser de la détresse sur sa fragilité. Je savais qu'il ne l'aurait pas supporté, comme il n'avait pas supporté de la voir, chez elle, tétanisée par des souffrances qu'aucun médicament ne pouvait calmer. Mais j'ignorais comment ni avec quelle violence son esprit troublé aurait réagi à ce spectacle inhumain, au sens propre, devant ce déjà cadavre auquel le liait, depuis plus d'un demi-siècle, un invisible et insécable cordon ombilical.

C'est parce qu'il n'était pas là qu'elle s'accrochait à ce qui lui restait de vie. Elle l'attendait. Elle le réclamait. Elle le suppliait. Elle l'espérait pour appareiller, rassérénée. Je m'en voudrai toujours de l'avoir privée, au dernier instant de sa vie, de la présence de son fils chéri, de mon frère, que je voulais tellement épargner. La compassion est parfois mauvaise conseillère. Et je ne peux m'empêcher de penser – la spiritualité revient toujours chez moi au galop – que Laurent s'est éteint, six mois plus tard, parce qu'elle l'appelait auprès d'elle et qu'il lui demandait de toujours le protéger.

Le lundi 14 septembre 2020, à cinq heures cinq du matin, quand le jour se levait sur Paris, dont elle aimait tant peindre les toits ardoisés, le

gris pigeon du zinc et les cheminées rouge argile
d'un autre temps, Françoise, Jeanne, Lucie, fille
de Clément Launay et Madeleine Penancier,
née le 4 janvier 1931, veuve de Philippe, René,
Marie Garcin, finit par céder. Comme un bar-
rage, sous le poids du temps. Une branche de
vieil arbre, sous celui de ses fruits. Une ville
assiégée, que la famine oblige à capituler. Sur le
lit de la chambre, dont on avait baissé le store
en signe de décès, maman ressemblait à une
momie égyptienne. Je cherchais en vain, sur son
visage émacié de combattante acharnée, une
trace d'accalmie, un indice de cette béatitude
que, sans doute, elle avait convoitée, une preuve
du bonheur qu'elle avait incarné et merveilleusement répandu, tout au long de sa vie, autour
d'elle. On eût dit qu'elle avait encore mal. Et
c'était insupportable à regarder. J'étais partagé
entre l'effroi et le chagrin. Je savais que j'allais
vivre désormais, jusqu'à mon dernier souffle,
avec cette image, et que son éclatant sourire
serait toujours assombri par son ultime grimace.

C'est que ma mère était ma première morte et
je ne l'acceptais pas. Olivier, mon jumeau, fut
renversé sous mes yeux par une voiture, mais je
n'ai pas vu son petit corps sans vie et j'ai été tenu
à l'écart de son enterrement. Mon jeune père
avait déjà succombé à sa chute de cheval lorsque
j'ai été prévenu, à mon retour de la montagne,
sur un quai de gare, et je n'ai pas assisté à sa mise
en bière. L'ignorance préserve. L'innocence

protège. Pour prospérer, la mémoire contourne les épilogues, elle est perfide et très précautionneuse. Olivier reste alors cet enfant joueur qui me donne la main dans le jardin sablonneux de Notre-Dame, d'où il ne veut pas partir, d'où je ne veux pas qu'il parte, et mon père, cet homme cravaté qui galope dans la forêt de Rambouillet sans souci du lendemain ni l'envie de mettre pied à terre. Parfois, ils vivent si fort en moi que je ne me résous pas à croire à leur disparition. Ils ne seront jamais couchés.

7

Au milieu des liasses de papier accumulées – elle ne jetait rien, elle rangeait peu, elle thésaurisait son existence et l'empoussiérait – dans l'appartement de ma mère, avant qu'il ne fût vidé, et que mon enfance fût désormais sans abri, je suis tombé sur un mince cahier Clairefontaine dans lequel, sans doute en 2005 (il n'est pas daté, mais une allusion y est faite à « une vague géante emportant Sumatra »), elle tient le journal pascal de sa foi. Comme si elle avait voulu laisser une trace visible de l'invisible. À chaque page, ou presque, figure son ami Michael Lonsdale. Il est de tous les offices à Saint-Séverin. Ils s'agenouillent et prient ensemble. Ils communient. Ils écoutent des cantates de Bach. Puis ils vont dîner chez des amis communs. Leur mysticisme est familier. Étrange couple, forgé par la croyance en un Dieu miséricordieux pour l'amour duquel Michael a pensé, un temps, entrer dans les ordres et ma mère a sacrifié, après la mort de mon père, sa vie de femme.

« Vendredi saint. Vénération de la Croix. Le père de Mesmay célèbre la mort du Christ. Il dit que Christ se donne librement, c'est la souffrance des hommes qu'il partage, leur faiblesse qu'il prend sur lui. »

Le journal se poursuit bien après Pâques. J'ignorais que ma mère l'avait tenu, de sa belle écriture ronde et pieuse. Je le lis avec un léger sentiment de gêne. J'ai l'impression de forcer, sous un escalier biscornu, une porte dérobée.

« Ce qui est aujourd'hui présence du passé, c'est celle des anges gardiens qui nous accompagnent et nous aiment, et cette grâce de savoir que vous êtes là, que vous existez, est un bonheur. Alléluia. »

Un bonheur entrecoupé d'effrois, que j'avais parfois soupçonnés, mais dont je n'avais jamais mesuré la permanence. Car, entre deux cris d'allégresse, elle consigne ici ses insomnies, ses cauchemars et, parfois, de mystérieuses et obstinées pensées noires. Elle ne m'en montrait rien. Elle ne me présentait que son merveilleux sourire. Si je retrouve dans son cahier ce qu'elle me racontait avec un tel vibrato : un spectacle de Michael sur Camille et Paul Claudel, ses lectures à la radio de textes de Beckett et de Duras, le récit de ses tournages avec Steven Spielberg, Raoul Ruiz, Milos Forman et surtout Xavier Beauvois pour *Des hommes et des dieux*, où il s'identifiait de manière troublante au frère Luc Dochier, j'y apprends les combats qu'elle menait, la nuit, contre ses démons. Je ne parviens toujours pas à les identifier. Était-ce sa sensibilité de grande brûlée aux malheurs du monde, dont la violence et les injustices, étalées à la télévision, la rendaient véritablement malade ? Était-ce l'angoisse qui la saisissait dès qu'elle pensait à l'avenir de Laurent ? Ou était-ce, plus simplement, quand Dieu sommeille, que la grande ville est muette, que l'aube tarde à poindre, et que reviennent, par vagues incessantes, les images d'un enfant mort et les souvenirs d'un mari en allé, le sentiment d'une immense solitude ?

Lorsque le jour se levait et que sonnaient les cloches de Saint-Séverin, Dieu avait raison de ses affres. Du moins les transformait-il en mansuétude : « Père de Mesmay : les plaies du Christ en croix, les blessures, nous devons les regarder comme des signes d'Amour. Sa lumière de miséricorde nous éclaire, nous montre ce qui est en nous blessé, blessant, cette lumière de miséricorde qui vient du Christ éclaire le Père qui, lui, est semblable en tout. »

Un 27 mai, jour de l'Ascension, elle se rend en pèlerinage à Chartres. Elle ne dit mot sur la messe, à laquelle elle assiste, car elle n'a d'yeux que pour les vitraux. Ils semblent éclairer sa foi claudélienne. Sa description tient du poème et de l'orémus.

« Marie Madeleine de bas en haut (le parfum répandu sur le Christ). La résurrection de Lazare. La rencontre dans le jardin avec Jésus.

Madeleine parle aux disciples. Tout en haut, Madeleine déposée nue dans les bras de Dieu.

La cathédrale de l'Occident à l'Orient. Le crépuscule, c'est le matin du monde. On va vers le matin au soir de la vie.

– Le côté nord, le mal, le monde plus souffrant.

– Le côté sud, le monde, le ciel plus glorieux, plus heureux.

À l'ouest, trois longs vitraux verticaux : la Passion, la vie du Christ, l'arbre de Jessé. Il prend naissance dans le nombril de Jessé, puis viennent les rois successifs de la lignée de David. Médaillons au centre, à droite et à gauche : les prophètes dans des demi-cercles annonçant une part de la Vérité. L'avant-dernier, vers le haut, c'est Marie annonçant Jésus.

La vie du Christ de bas en haut. L'annonciation, la visitation, la naissance de Jésus. Place aussi au massacre des innocents, toujours représenté avec la nativité au Moyen Âge. »

Et au pied de la page : « Vendredi, nuit sans sommeil. »

Et, quelques jours plus tard : « Lundi, tant de fatigue. »

Maman, si lumineuse et mystérieuse à la fois, n'ajoutera plus grand-chose à ce cahier provisoire, qui fut une brève illusion, une ébauche, à l'encre verte et bleue, de confession sans prêtre. J'y trouve des traces de sa profonde spiritualité et de lointains échos de sa vie quotidienne. Elle écoute Brahms, Mozart et Debussy. Elle assiste à une lecture des textes de Jean Tardieu, dont elle aimait les poèmes de *Jours pétrifiés* et le théâtre, *Un mot pour un autre, La Cité sans sommeil, Finissez vos phrases*. Elle prend sous son aile un peintre allemand démuni, Ludwig, qui vit dans la rue, en bas de chez elle, qu'elle habille et chausse, à qui elle achète ses tableaux naïfs de fleurs, et dont elle garde chez elle le chien pouilleux, chaque fois que la police l'arrête, le contrôle, l'incarcère, avant de le relâcher. Elle s'inquiète de la santé du pape, comme d'un proche. Elle rayonne après avoir vu mes enfants, Gabriel, qui l'emmène dîner à la pizzeria – « *Bonheur !* » écrit-elle – et jusque tard dans la soirée lui commente le Talmud ; Jeanne, qui lui conseille de lire *La Morte amoureuse*, de Théophile Gautier, et *L'Éducation sentimentale*, de Flaubert ; et Clément, qui lui joue, sur sa guitare, les airs anciens qu'elle lui demande, les airs modernes qu'il lui propose. Elle enterre ses vieux amis ainsi qu'on ferme une armoire, dont on perdra bientôt la clef. Et, quand elle sent monter l'inquiétude et la mélancolie, elle part pour le jardin de Bray, son perpétuel refuge, pour écouter les chants d'oiseaux, surtout ceux du soir, qui lui parlent du Ciel.

« Je rends grâce à Dieu pour tout ce que vous me donnez et qui me comble. »

8

« Je ne meurs pas, j'entre dans la Vie. » Avec ces
mots de Thérèse de Lisieux, portés par le *Requiem*
de Mozart, le cercueil de ma mère a été placé, le
vendredi 18 septembre, au pied du chœur litur-
gique de l'église Saint-Séverin, là même où elle
s'était unie à mon père devant une assemblée de
grands médecins, où leurs quatre enfants avaient
été baptisés, où avaient été célébrées les obsèques
de ses parents, qui n'avaient pas voulu ni su se
séparer, s'étaient suivis dans la mort à quelques
heures d'intervalle, et avaient été placés côte
à côte, sous la Croix, comme de merveilleux
vieux amants assoupis, main dans la main, au crépuscule. Là même où, avec Anne-Marie, mon
aimée, ma promesse et ma force, sans laquelle je
n'aurais jamais supporté tout ce qui m'accablait,
sans laquelle je n'aurais pas su faire front, sans
laquelle je serais redevenu un jumeau désemparé, nous avions échangé nos anneaux à la
fin des années soixante-dix. Elle était pourtant
athée et avait été élevée par sa mère, Anne, dans

l'assurance qu'il n'y a pas de vie après la vie, que les corps, même celui du Cid, pourrissent sous la terre, que l'âme est une chimère, mais elle exigea une église, car il fallait, selon elle, du sacré pour notre mariage, un lieu où souffle l'Esprit saint, et elle réclama même, comme si elle voulait aussi épouser mon passé, la paroisse catholique de mon enfance. Bientôt, sur les routes de France, elle serait Violaine, dans *L'Annonce faite à Marie*, avec une ferveur troublante qui aurait quelque chose de la très pure et très puissante foi claudé-lienne. Saint Séverin, priez pour nous.

Derrière l'ambon, dans son aube blanche que bleuissait timidement la lumière filtrée des vitraux de Bazaine, plus imprégné que jamais de sa fonction sacerdotale, mais sans parvenir à cacher ses larmes, Laurent servait la messe d'enterrement de notre mère. Il célébrait, à sa manière, mutique et immobile, la cérémonie des adieux. Le père Guillaume Normand, qui officiait et dont la jeunesse ajoutait à l'ardeur, lui jetait des regards fugaces et compassionnels, manière discrète de s'assurer que mon frère mas-sif et friable tiendrait son rôle d'assesseur jus-qu'au bout. Laurent ne faillit pas. D'un geste papal, il fit se lever et s'asseoir l'assemblée. Il chanta d'une voix très grave « Le Seigneur est mon berger », écouta les yeux fermés un passage de l'Évangile de Jésus-Christ selon saint Jean, récita le Notre Père, assista le prêtre au moment de la consécration du pain et du vin, descendit de l'autel pour asperger d'eau bénite, avec Nathalie et moi, le cercueil de notre mère. Cercueil que, ma main appuyée sur son épaule, nous avons suivi lentement jusqu'au porche ensoleillé de l'église, tandis que l'orgue faisait rayonner le choral final de la cantate de Bach, qu'elle aimait, qu'elle chantonnait telle une comptine et qui la définissait si bien, *Jésus que ma joie demeure*.

Je savais que, pour Laurent, le plus dur était à venir, qu'il allait être propulsé, à cinquante-cinq ans, dans un monde d'où tous ses repères avaient disparu, où personne, même son frère aîné, ne pourrait remplacer celle qui veillait sur lui depuis l'enfance, où sa vie quotidienne lui semblerait sans cesse menacée, où son regard, toujours un peu alarmé, chercherait désormais des visages, des lieux, des objets familiers pour parvenir à contrôler son inquiétude, mais, ce jour-là, dans son église parfumée à l'encens, auprès de sa mère morte, il m'impressionna par sa dignité et sa bravoure. Laurent, l'incertain, donnait soudain l'impression d'avoir des certitudes.

Ensemble, nous partîmes pour Bray-sur-Seine dans ma voiture. Les étés précédents, je les conduisais, maman et lui, pour deux longs mois pendant lesquels, malgré leurs handicaps respectifs, ils feignaient très bien de prolonger leurs longues vacances d'autrefois. Elle arpentait, avec son déambulateur, les allées gravillonnées du jardin, il se postait à l'ombre, un carnet à la main, une casquette sur la tête, et se levait de son fauteuil pour l'aider, après sa promenade, à monter les trois petites marches qui menaient à l'entrée. Parfois, il s'échappait de l'enclos maternel pour aller s'attabler, seul, marmonnant on ne sait trop quoi, souriant d'on ne sait trop qui, à la terrasse du café du village et boire, devant la vieille halle où l'on dansait autrefois au rythme de l'accordéon, les soirs de 14 Juillet, une menthe à l'eau qui semblait lui procurer une douce et mystérieuse ivresse. Il regardait ainsi passer les filles et le temps. En retrait du monde et de lui-même, il se divertissait de son propre ennui. Et puis, sans se presser, il rentrait à la maison dont, à la nuit tombée, après avoir sorti les poubelles dans la rue de l'Étang-Broda, il fermait tous les volets au bois vermoulu avec un sérieux et une ponctualité de sacristain. Laurent était un rêveur qui aimait se voir confier des tâches journalières, fussent-elles modestes ; elles semblaient lui donner l'impression d'être indispensable, lui conférer un statut extraordinaire.

Le corbillard nous attendait à la porte du cimetière, où la famille et les gens du pays formaient, sous le soleil, une masse compacte et noire. Nous l'avons suivi jusqu'à la tombe, ouverte. Il y eut encore des chants et des prières, des sourires de souvenirs et des larmes de regrets, des mains qui se serraient et des bras qui s'enlaçaient. Et Laurent, imperturbable, voyageur sans bagages, sa sacoche autour du cou, de grosses baskets aux pieds, veillant sur la cérémonie en serrant les poings. Le cercueil de notre mère fut descendu au fond du caveau, où je ne pus m'empêcher, un bref instant, de me demander ce qu'il restait, là-dessous, de mon jumeau et de mon père. Et qui, de nous, ensuite, les rejoindrait. Sous cette vieille terre remuée, il y avait, vertigineuse, toute mon histoire. Elle se décomposait, s'émiettait, mais pesait de plus en plus lourd.

Dans le jardin, qui sentait le lilas et l'herbe tiède, où la famille s'était réunie sur les pelouses après l'enterrement, maman semblait pourtant gambader encore des uns aux autres, elle embrassait toutes les générations, elle racontait ses voyages en Toscane, ses visites des musées et des chapelles en compagnie d'un ami conservateur, entonnait un air des *Noces de Figaro* en pianotant de ses doigts sur la longue table en bois repeinte par elle en vert et blanc, buvait un verre de bordeaux, elle plissait les yeux pour sourire, elle était gaie, drôle, bavarde, éclatante de naturel – du plus loin que je me souvienne, je ne l'ai jamais vue maquillée, elle ignorait le plus souvent l'usage du rouge à lèvres et du vernis à ongles, du fond de teint et du khôl, son seul fard était bachelardien, il empruntait à l'air, à l'eau, à la terre, au feu, mais aussi au vent – et si belle.

De l'autre côté de la promenade, derrière sa ronde de vieux platanes, la cloche de l'église Sainte-Croix sonnerait les heures tout au long de la nuit. À Bray-sur-Seine, l'été ne voulait pas non plus mourir.

9

Dans la nuit tiède qui suivit l'enterrement, nous reprîmes, d'est en ouest, la route de la Normandie, où ma mère, ouvrant grand une fenêtre du premier étage de la maison, aimait tant pasteliser, en plongée, les saules et les hêtres, qu'elle rosissait comme si c'étaient des lèvres fines, et dessiner ensuite, au crayon, la colline d'en face, où poussaient le blé, le maïs, et couraient les chevreuils.

Je pensais que le pays d'Auge serait consolant. Il y aurait, dans le petit matin, les trilles des mésanges et le staccato des rouges-gorges, les rondes silencieuses des buses au soleil de midi, le bruit d'eau cristallin que font les ramures des peupliers et, tombées sur l'herbe en cercles concentriques, les pommes jaunes, rouges, bistre, vert pâle, dont ma mère raffolait – elle les croquait toute la journée avec ses dents si saines, en faisait des compotes, des salades, des jus, des accompagnements de plats chauds – et que, chaque lundi, je lui apportais à Paris dans des

paniers d'osier ventrus. Et puis il y aurait les chevaux. Ils avaient déjà sauvé mon père après la
mort d'Olivier, avaient élevé sa souffrance,
avaient déplacé le centre de gravité de son chagrin, lui avaient permis de fuir sans se retourner,
de prendre, pour lui seul, tous les risques, et de
mettre sa jeunesse en danger ; ils avaient été sa
dérobade et son affranchissement, avant qu'ils ne
finissent par causer sa perte.

En sortant du cimetière, j'avais hâte de monter pour ne pas tomber. De partir au fond des
bois avec Valrose, un selle français de onze ans,
qui comprendrait, à la caresse d'une jambe, à
la pression d'une main, aux chuchotis d'une
voix, au poids d'un corps exténué, ce que seuls
comprennent les chevaux et porterait ce que je
ne pouvais plus porter. Il aurait pour moi des
mansuétudes voluptueuses. Il me conduirait, au
galop, loin des hôpitaux, vers le pays transpa-
rent et venté de mes fantômes.

C'est alors qu'Anne-Marie m'a annoncé que
Danseur, son lusitanien dont l'âge avancé,
presque trente ans, n'avait jamais terni la splen-
deur, qu'elle allait voir, panser, caresser, célébrer
chaque semaine, venait de succomber, sur les
hauteurs de Lisieux, à une crise cardiaque. On le
lui avait annoncé au téléphone deux jours après
la disparition de ma mère. Elle était accablée,
mais ne m'en avait rien dit. Elle jugeait que c'eût
été inconvenant, dans ces moments-là, de pleurer
un cheval, fût-il celui de sa vie. Elle avait gardé

pour elle son immense peine et caché ses larmes. Et nous étions allés, le lendemain de l'enterrement de ma mère, nous recueillir devant le tertre frais, recouvert de fleurs des champs, sous lequel avait été couché le grand corps autrefois glorieux de Danseur, alias Danzador. Ainsi donc, tout expirait et tout, en même temps, devenait passé. Il n'y avait pas de comparaison à établir, il y avait seulement une concordance des malheurs et des regrets. J'avais perdu celle qui m'avait fait, elle perdait celui qui l'avait prolongée et réconciliée avec elle-même.

Il me sembla entendre alors, porté par le vent de septembre, dans cette prairie normande où batifolaient, autour de la fosse improvisée, des chevaux près du sang et bien vivants, un air royal de Lully sur lequel Anne-Marie, le dos droit et le buste incliné, fidèle aux principes de la haute école versaillaise, menait si bien Danseur au passage et au piaffer. Dieu que c'était beau, cette manière qu'avait la reine de *Ruy Blas* de rejoindre, sur son cheval blanc, le carrousel du Roi-Soleil. Et Dieu que c'était triste qu'il n'en restât plus rien. Sauf les souvenirs, qui s'éteindront avec nous.

10

Après le cataclysme, Laurent reprit le chemin familier de sa vie méthodique, rythmée par des rendez-vous imprescriptibles, des déjeuners invariables, dont il dressait les tables à la manière d'un chef de rang, avec ses deux tantes ou avec moi, pendant lesquels il s'amusait à prendre l'accent québécois ou le ton hautain de Giscard d'Estaing, car il était doué pour l'imitation, pouvait décliner à toute vitesse, sans se tromper, la filmographie d'une comédienne, la discographie d'une chanteuse, la carrière d'un homme politique. Hypermnésique, il semblait sans cesse participer à un numéro de « Questions pour un champion » et illustrait l'hypothèse selon laquelle, à l'origine de l'X fragile, il y aurait des esprits suractifs, des cerveaux débordants, un trop-plein d'intelligence. Le mal viendrait d'un bien et le vice, d'une vertu.

Sa nièce, Clémence, lui préparait le dîner, tentait d'ordonnancer son chaos intérieur. Le dimanche soir, il servait la messe à Saint-Séverin.

En semaine, il allait donner, en fin de journée, un coup de main à la pizzeria voisine, où on l'appelait tendrement « Lolo », où l'on s'accommodait très bien de ses propos confus, de ses tirades en apnée, et où, après sa mort, le patron déposerait un gros nounours en peluche à la place exacte qu'il affectionnait. « Comme ça, me dirait-il, Lolo est toujours avec nous, c'est notre mascotte. Je ne l'oublierai jamais. »

Le reste du temps, que faisait-il ? Nul ne le savait. Certains l'apercevaient, trop couvert, le visage clos sous une casquette d'éleveur ou un bonnet de montagne, sa sacoche en bandoulière, déambuler dans le Quartier latin, entre la place de l'Odéon et les berges de la Seine, tel un zombie pesant et hagard. Après nos déjeuners du lundi, que j'avais maintenus après la mort de notre mère, dans l'appartement où tout : le lit médicalisé, la chaise percée, des piles d'ordonnances et de médicaments, le déambulateur arrêté dans sa course sur un tapis troué, nous rappelait sa présence et ce qu'elle avait enduré, je le voyais quitter précipitamment la table abîmée de la cuisine, descendre les quatre étages et se figer, boulevard Saint-Germain, sous l'auvent du bus. Celui-là même qui l'emmenait autrefois jusqu'à l'atelier de la Bastille, glacial l'hiver, étouffant l'été, où il disait travailler à ses grands tableaux, mais il ne peignait plus depuis quelques années, la location de l'atelier avait été résiliée par notre mère, et je me demande s'il ne montait pas dans ce bus afin de ne pas rompre une vieille habitude, donner un sursis au passé et prolonger, sur la ligne 87 qui traverse la Seine et enjambe l'île Saint-Louis par le pont de Sully, une illusion rassurante sur laquelle pesaient les affectueux commandements de notre mère. Et puis il rentrait chez lui. Il se réfugiait dans sa pièce-capharnaüm empoussiérée dont les bibliothèques étaient remplies de cassettes audio hors d'usage, de magazines périmés, de livres infréquentés, d'innombrables relances pour des œuvres caritatives, le plus souvent chrétiennes (il envoyait des chèques sans se soucier de l'état de son petit compte en banque), de cartes peu lisibles, adressées à des connaissances qu'il assurait de la constance de son amitié, mais ne postait jamais. Il parlait souvent tout seul, exprimait d'étranges grognements chantants, qui me faisaient l'effet, derrière la porte où je l'appelais en vain, d'exercices de comédien répétant un rôle de touriste brésilien pour un opéra bouffe d'Offenbach. Il avait appris à vivre avec lui-même, en marge du monde réel, dans un marmonnement déroutant. Il avait un téléphone portable, mais refusait d'en user et de répondre. Il regardait la télé, surtout les émissions de variétés, le son poussé très fort, car il entendait de plus en plus mal, en mangeant de manière compulsive des chips et du camembert. Lui qui, à l'adolescence, était si beau, si fringant, si véloce lorsqu'il jouait au tennis ou dansait le rock, s'alourdissait chaque jour davantage, comme s'il voulait se protéger des fureurs extérieures sous une chape de graisse, se débarrasser du passé, s'enfermer en lui-même. Le poids était devenu son abri.

Auparavant, ce renoncement et ce laisser-aller m'attristaient. Désormais, ils m'inquiétaient. Car j'étais responsable de lui, qui n'avait vu ni médecin ni dentiste depuis si longtemps et dont la santé et la mâchoire se détérioraient. Il fallait ruser pour qu'il accepte une consultation, où il refuserait mordicus de se déshabiller et traiterait le médecin avec une familiarité excessive afin de noyer, sous un flot de paroles hachées et précipitées, son effarouchement, son émotivité, son besoin de quitter au plus vite le cabinet. Il fallait biaiser plus encore pour qu'il veuille bien prendre les médicaments prescrits contre le diabète. À tout ce qui pouvait améliorer son état de santé, laver son sang des excès de sucre, dégager son cœur, réduire les risques qu'il courait, l'amincir, Laurent opposait un abandon phénoménal.

Dans les semaines qui suivirent la disparition de notre mère et malgré son lancinant leitmotiv : « Tu sais, je suis bien chez moi », il avait pourtant accepté de venir avec moi visiter des lieux de vie où il serait accueilli, surveillé, encadré, et qui me rassureraient sur le suivi de son état de santé. Nous étions ainsi allés tous les deux voir un foyer d'hébergement, situé près de la gare de Bercy, dirigé par Mme C., une femme prévenante et remarquable, qui recevait, « sans limite d'âge, des adultes exerçant une activité professionnelle et affectés de handicaps mentaux, mais ne présentant pas de pathologies exigeant des soins systématiques ou une surveillance médicale ». Cette maison de dix-huit chambres portait un nom de villégiature lacustre : Les Jours Heureux. Dans son principe étaient inscrites des valeurs qui me plaisaient : la tolérance, l'acceptation de la différence, l'ouverture vers l'autre, et surtout la liberté. Les pensionnaires pouvaient en effet sortir quand ils voulaient, pourvu que l'institution sache où ils allaient et qu'ils soient joignables au téléphone. Elle employait des aides médico-psychologiques, des kinésithérapeutes, des ergothérapeutes, des éducateurs spécialisés, des infirmiers, tous choisis pour leur attachement au respect et au bien-être des personnes accueillies, et leur permettre de réaliser le projet « dont chaque personne handicapée a besoin pour s'épanouir ».

La première fois où nous nous y sommes rendus, Mme C. a pris le temps d'interroger Laurent sur son travail d'artiste, elle lui a demandé, en le vouvoyant, ce qu'il aimait peindre, s'il accepterait de vivre en communauté, tout en l'assurant qu'il aurait sa propre chambre, qu'il pourrait la meubler et la décorer comme bon lui semblait, et qu'il n'était pas tenu de participer aux activités de groupe. Bien sûr, ses questions restèrent sans réponses. Laurent me regardait plus qu'il ne la regardait. Il se contentait d'émettre des bougonnements cuivrés qui signifiaient « j'ai bien compris » ou « je vais réfléchir, mais pourquoi pas ». Mme C. nous a ensuite présenté l'établissement disposé sur trois étages, qui tenait de l'hôtel et de l'internat. Ici, le salon télé, plutôt cosy, là une salle de restauration, assez moderne. Les deux étaient vides. C'est que les « hébergés », pour la plupart, exerçaient une activité rémunérée à l'extérieur. Ils ne reviendraient que le soir. Laurent me suivait d'un pas tranquille. J'avais l'impression de découvrir, à l'étranger, en sortant de la gare, une pension où lui et moi allions passer quelques jours de vacances. À l'étage supérieur, une porte s'ouvrit sur l'atelier dévolu à la peinture. « Vous voyez, Laurent, c'est un espace pour vous », claironna Mme C. sur un ton joyeux et complice. Il y avait là une petite dizaine de femmes et d'hommes sans âge, au visage rond, aux yeux en amande, aux bras courts, qui s'appliquaient à dessiner et, nous voyant, exprimèrent une joie enfantine, excessive. À peine entré, Laurent se rétracta et puis s'éclipsa. Je vis passer dans son regard un éclair de lucidité. Il n'était pas dans la résidence dont je lui avais vanté les qualités et le charme. Il était dans un foyer pour déficients mentaux. Avec brusquerie, en as de l'esquive, il se hâta vers la sortie – où que ce fût, même dans la galerie de la Nouvelle Athènes qui l'exposait, Laurent, dira une de ses amies peintre, « cherchait toujours la sortie ». Je

me sentis mal à l'aise. Je m'en voulais terriblement de lui avoir infligé un spectacle que, pourtant, j'aurais pu et dû prévoir. Et je craignais
qu'il repousse désormais tout projet de vie dans
un lieu adapté. Au retour, dans la voiture, il me
dit : « Tu as raison, Mme C. est vraiment char-
mante » et il ajouta après un long silence : « Il y a
quand même là-bas beaucoup de handicapés. »
Je risquai un timide « tu exagères, les autres pensionnaires n'étaient pas là, ils travaillaient en
dehors ». Mais il n'en démordit pas. « Je les
connais bien, je m'en occupe dans mon groupe
de "Foi et Lumière". »

Il disait vrai. Une fois par mois, Laurent rejoi-
gnait dans le cloître et le presbytère de Saint-
Séverin cette communauté fondée en 1968 sur la
conviction que les handicapés mentaux ont leur
place dans les pèlerinages – ce n'était pas le cas
avant cette date –, qu'ils sont « aimés de Dieu » et
que « Jésus vit en eux ». Mon frère différent se
comportait avec eux comme un moniteur chargé
d'une mission délicate de protection et d'émula-
tion. Il priait avec les uns, jouait avec les autres,
leur servait le déjeuner, les aidait à manger, leur
confectionnait une bannière personnalisée, leur
expliquait les couleurs, les motifs et l'histoire des
vitraux de Saint-Séverin. Mais vivre avec eux, dans
la même maison, non, c'était hors de question. Je
comprenais tellement sa réaction, tout en trou-
vant la situation ubuesque. Pour que Laurent ait
une chance d'avoir une place dans un foyer, il

fallait que son handicap fût reconnu, et j'avais déposé en ce sens un dossier à la MDPH, la Maison départementale des personnes handicapées ; or, il se jugeait tout à fait capable d'être autonome, de vivre chez lui, loin des institutions et des médecins. Il ne mesurait pas sa *fragilité*. Il n'avait aucune conscience de ce qui l'encombrait et l'empêchait. Il ne se savait pas asocial ; il l'était, de manière brute et sans appel. Et je m'activais à apporter un soutien à un frère qui n'en voulait pas. De moi, il ne prenait que la tendresse. Mais je ne devais pas en abuser.

11

Un jour de janvier – comment pouvais-je alors imaginer qu'il ne lui restait que trois mois à vivre –, nous marchions côte à côte boulevard Saint-Germain, devant les ruines de Cluny. Pendant le déjeuner, je lui avais montré, sur mon iPhone, les photos de certains de ses grands tableaux qu'Anne-Marie et moi avions choisi d'accrocher dans le salon de notre pressoir normand. Je lui avais répété combien ils étaient éblouissants et pourquoi ils répandaient, dans la pièce, au plus froid de l'hiver, une chaude lumière d'été provençal. Et soudain, il s'était arrêté, avait relevé la tête et m'avait dit : « Ce serait bien, tu ne crois pas, que je fasse une exposition… Comme autrefois, quand maman était là, dans la galerie L'œil du huit de la rue Milton, tout près de chez toi. » Je trouvai l'idée excellente. J'étais surtout ému de l'entendre caresser un projet et heureux de découvrir qu'il n'avait pas renoncé à être un artiste. Il n'était pas encore prêt à peindre, mais il voulait bien se montrer. On avançait. À petits pas.

Et ce n'est pas la matière qui manquait. Dans une pièce ovale, contiguë à sa chambre du sixième étage, étaient entreposées, à la verticale, sur le parquet peint écaillé et très poussiéreux, des centaines de ses tableaux. Des petits, des moyens, des grands. Tous ressemblants, tous différents. Aucun n'était encadré. C'eût été les enfermer, les étouffer, les embrigader. Ses toiles étaient toujours brutes. Il en peignait même les quatre bords cloutés, comme s'il voulait faire couler les couleurs au-delà de l'espace imparti, qu'elles s'échappent du carcan ordinaire, qu'elles envahissent l'espace. Laurent était un peintre débordant. S'il en avait eu l'occasion, il aurait été muraliste, il aurait inventé des fresques chatoyantes, il aurait emprunté à l'art pariétal et au tag, au burin et au bombage. Il avait eu sa période mannequin, que j'aime par-dessus tout : il se procurait des bustes de femme en poly-styrène écru, posés sur de lourds trépieds en métal, et les habillait, du nombril au cou, du bas des reins à la nuque, de mille couleurs. Il en faisait des Arlequin, des Polichinelle, des Arcimboldo abstraits, des vitraux modernes. Je suis certain qu'il leur parlait, comme Geppetto à sa marionnette en bois, et leur donnait vie. Ces mannequins diaprés étaient devenus ses amis silencieux et sûrs. L'un d'entre eux veille sur nous, aujourd'hui, à l'entrée de la maison. Moi aussi, je lui parle. Et c'est Laurent qui me répond.

Ses tableaux, dont la géométrie secrète favorisait les ronds, les ovales et les demi-lunes, exprimaient davantage son monde intérieur, onirique, fantasmé. Un monde amniotique d'avant la naissance ; un désert de sable d'avant l'humanité ; un paradis africain d'avant la colonisation. Sur ses toiles chamarrées flottaient des aliens, des astéroïdes, des spermatozoïdes, des ovocytes, des vases de terre cuite, des scaphandres, des larmes sur une joue, des couronnes, des boomerangs, des visages triangulaires, des yeux de chat, des Christ et des fruits exotiques ouverts en leur milieu. Son univers était bleu comme une orange. Sa peinture à l'huile était épaisse, elle donnait de la matière à son imagination et gardait la trace voluptueuse de son pinceau en mouvement.

Lorsqu'il rassemblait ses tableaux pour les fixer sur des murs blancs, on aurait pu croire à une exposition improvisée d'art précolombien ou aborigène, gardée par un vieux sage mutique échappé d'un continent lointain et caniculaire. On aurait pu penser aussi à un prolongement spontané de la collection d'art brut que Jean Dubuffet avait organisée à Lausanne, en 1945, où il voulait mettre en valeur « des ouvrages exécutés par des personnes indemnes de culture artistique, dans lesquels donc le mimétisme, contrairement à ce qui se passe chez les intellectuels, ait peu ou pas de part, de sorte que leurs auteurs y tirent tout (sujets, choix des matériaux mis en œuvre, moyens de transposition, rythmes, façons d'écriture, etc.) de leur propre fond et non pas des poncifs de l'art classique ou de l'art à la mode. Nous y assistons à l'opération artistique toute pure, brute, réinventée dans l'entier de toutes ses phases par son auteur, à partir seulement de ses propres impulsions. De l'art donc où se manifeste la seule fonction de l'invention, et non, celles, constantes dans l'art culturel, du caméléon et du singe. » Plus tard, Dubuffet donnera, de l'art brut, cette définition qui convient si bien à la manière dont Laurent peignait, en marge de la société, et refusait de signer ses œuvres, comme si, une fois accomplies, il niait en être l'auteur et avait hâte d'imposer sa loi bariolée, fastueuse, enchanteresse à une nouvelle toile blanche : « L'art ne vient pas coucher dans les lits qu'on a faits pour lui ; il se sauve aussitôt qu'on prononce son nom : ce qu'il aime c'est l'incognito. Ses meilleurs moments sont quand il oublie comment il s'appelle. »

Ces tableaux, qui désormais m'entourent et m'éclairent, embellissent le souvenir que j'ai de Laurent le taciturne. Ombrageux dans la vie, il explosait de joie sur la toile. Avec un pinceau, il parlait clair et net. Il respirait à pleins poumons. Il était léger, plus léger que l'air. Son antienne était : « Si Dieu le veut. » Et voici que, infrangible, endurant et inaltérable, il cessait enfin d'être fragile.

12

En peignant, Laurent se réinventait, et sans doute se sauvait. En peignant, maman, au contraire, se ressemblait. Les paysages qu'elle représentait avaient la grâce des jours heureux, ceux d'avant la disparition brutale de mon père et de mon jumeau, la douceur d'un temps arrêté, en plein été, sa saison préférée, la gaieté fugitive de la jeunesse espiègle. Elle était naturellement douée, à la manière de Vuillard et de Bonnard, pour fixer le bonheur de vivre sous des ciels purs que ne menacent ni la tragédie ni la mort.

Comme je les aime, cette campagne toscane au soleil couchant dont les vignes vert lézard, qui entourent de vieilles maisons assoupies, sont bordées d'oliviers argentés et de cyprès noirs ; ces toits rosés, endormis, de Bray-sur-Seine que gouverne, en haut, à gauche, l'austère clocher de l'église Sainte-Croix ; ces marais salants de Noirmoutier où l'on ne distingue plus la frontière azuréenne et laiteuse entre la terre provisoire et le ciel éternel ; ces immeubles du Front de Seine, parmi lesquels son favori était l'hôtel Nikko, en aval de la tour Eiffel, que, dans les années soixante-dix, elle n'en finissait pas de redessiner et de bleuir – ce furent ses *Cathédrales de Rouen* – depuis le balcon d'une amie graveuse habitant le quai Louis-Blériot; et toutes ces hautes fenêtres, à la campagne comme à Paris, grandes ouvertes sur des frondaisons printanières, des fleuves à péniches, des champs de fruitiers, des collines où trottinent des jumeaux d'à peine six ans. Son trait délicat d'aquarelliste enchantée s'accordait à merveille à ces moments suspendus de félicité, presque de béatitude, auxquels, touillant sa palette avec un plaisir enfantin, elle donnait des teintes douces, tièdes, vénitiennes. Quand, chaque jour, je regarde ses tableaux, c'est elle en train de les peindre que je vois. Elle peint en souriant. Elle peint en chantant. Elle peint comme elle respire. Elle peint pour habiter les jardins à la française, si giralduciens, qu'elle compose. (J'avais treize ou quatorze ans lorsqu'elle me fit découvrir et lire les romans, les pièces, de Giraudoux, qui était, avec Colette, son auteur de chevet, et dont elle me récitait par cœur les passages les plus odoriférants, les phrases les plus colorées.)

Formée aux Beaux-Arts, dans les ateliers de Cami et de Brianchon, spécialiste de l'art italien, restauratrice de tableaux pour le Louvre (l'un de ses maîtres vantait son expérience, qui « s'étendait à tous les traitements de la pellicule

picturale, comprenant les divers procédés du refi-
xage, le nettoyage et le dévernissage ainsi que les
différents procédés de la retouche, sans compter
les opérations de rentoilage »), coréalisatrice
d'une grande exposition Daumier à la Bibliothèque nationale, rédactrice pour *La Gazette des
Beaux-Arts*, maman feignait d'oublier tout ce
qu'elle avait appris à l'instant précis, trop rare (la
modestie l'inclinait à procrastiner, à trouver toujours des raisons de surseoir à son talent et, tel
Laurent, de ne pas signer ses œuvres), où elle
plaçait une toile vierge sur le chevalet et sortait
ses innombrables tubes de peinture. Avec ses pin-
ceaux, elle n'avait plus de passé, elle n'avait pas
de futur, elle était tout entière dans le présent.
Elle captait la lumière crue, juste avant qu'elle ne
s'aplatisse. Elle cueillait la fleur, avant qu'elle ne
fane. Elle fixait le papillon, avant qu'il ne sèche et
s'effrite. Et elle était plus que vivante. C'est la
raison pour laquelle j'éprouve une telle sérénité
en plongeant mon regard dans ses paysages, que
j'habite en toute saison : elle est ici et maintenant.
Elle exulte et embaume.

13

Le vendredi 26 mars, dans le chœur de l'église Saint-Séverin, en demi-ronde autour de l'autel, à la demande du père Guillaume Normand, curé de la paroisse, des prêtres et des vicaires dont, depuis si longtemps et avec une telle assiduité, Laurent avait servi les messes, pour la première et la dernière fois ses tableaux les plus lumineux, flamboyants, dont les jaunes de blé mûr, d'œuf au plat, de forsythia, de santoline, de poussin, soulageaient et ravivaient l'architecture médiévale, furent accrochés aux six colonnes à chapiteaux floraux. L'orgue gronda et son cercueil entra. Je m'écroulai. C'était trop. Trop vite, trop tôt. Trop peu préparé à ce nouvel assaut de souffrance et de regrets. Trop de colère contre le destin. Trop de morts. Trop de prières et de miséricorde. Trop de Toussaint aux beaux jours. Trop de plus jamais.

Sous cette nef où, il y a six mois, nous avions dit adieu à notre mère, il fallait, obéissant à la même liturgie, où se mêlent étrangement l'espoir et le désespoir, au son du même Kyrie, du même Agnus Dei, du même *Jésus que ma joie demeure*, se séparer, Nathalie et moi, de notre frère. Voici qu'il reposait, à mes côtés, dans sa grande boîte en bois, et j'avais l'impression au même moment de disparaître sous terre. D'ailleurs, je ne tenais pas debout, prostré sur ma chaise à la manière d'un rescapé traumatisé, chu de ce « désastre obscur » dont parle si bien Mallarmé dans *Le Tombeau d'Edgar Poe*. C'est à peine si j'entendis la prière universelle, et sa longue cohorte de disparus, et son cortège de promesses invérifiables : « Seigneur, regarde avec tendresse ton petit enfant Laurent qui vient de nous quitter. Accueille-le avec Françoise, Philippe, Olivier, Raymond, Yvonne, Michel, Clément, Madeleine, Claude et tous ceux qui l'ont précédé auprès de Toi », « Seigneur, nous te remercions pour la vie de Laurent, pour tout l'amour qu'il nous a donné et pour sa foi. Donne-nous la certitude de revoir un jour Laurent, au Ciel, près de Toi. »

Je ne crois pas au Dieu tout-puissant, au grand ordonnateur, au grand régulateur, dont seuls me rapprochent encore, certains jours, les lointains rituels de mon enfance, qui sentent l'encens, le pain bénit et la pierre froide, et aussi la sonate dominicale des cloches dans la campagne augeronne hérissée de calvaires, et surtout la lecture épisodique, troublée, capiteuse, des textes d'Augustin d'Hippone et de François d'Assise. Mais plus le temps passe et plus je crois à la présence des morts. Ils sont là. Leur âme demeure, plane et s'obstine. Ils s'annoncent souvent entre chien et loup, dans une lumière tamisée de petit matin ou de fin du jour, dans un pépiement têtu, une fragrance indistincte, entre les pages pelucheuses d'un vieux livre non massicoté, la traînée blanche d'un avion, sous le sabot d'un cheval, près d'un muret en pierre, au cœur battant d'une forêt de pins maritimes. Je leur parle, en silence, depuis si longtemps. C'est une compagnie invisible, heureuse et bienfaisante. Ils n'ont jamais cessé de m'épauler, ou de me corriger. Je doute qu'ils commercent entre eux – j'en rêverais pourtant, ce serait réconfortant d'imaginer des retrouvailles bavardes, des embrassades familiales à ciel ouvert –, mais j'ai la conviction qu'ils ont affaire avec les vivants et ne se soustraient pas à ce que l'on attend d'eux. Ils demandent seulement un peu de répit après leur disparition et qu'on apprenne, en fermant les yeux, à se signaler à eux. Les morts sont patients. Exigeants et patients. Mon jumeau fauché par un chauffard a attendu que je grandisse pour grandir en moi et avec moi. Mon jeune père désarçonné a guetté l'instant où je serais vraiment cavalier pour me rejoindre et m'accompagner, dans un galop à la limite de l'emballement, sous les futaies et sur les plages. Et je sais que, bientôt, ma mère paysagiste et mon frère cubiste m'accueilleront, ensemble, dans leurs tableaux comme dans des maisons isolées sur des belvédères battus par le vent, où nous reprendrons le cours de la conversation interrompue, nos si joyeux déjeuners du lundi, et d'où nous poursuivrons nos échappées : les marches à pied dans les bois crayeux de la Bassée-Montois, les glissades d'altitude dans la neige valaisanne, les baignades à marée haute dans l'Atlantique vendéen, les séjours printaniers à la pension Accademia de Venise.

Mais, ce vendredi-là, à Saint-Séverin, ni Laurent ni moi ne sommes prêts à cette communion idyllique. Seul l'avenir nous l'offrira. Il est dans son cercueil. Je suis dans ma révolte. Il se tait et je pleure. Après la cérémonie, il fallut suivre encore le corbillard des mêmes pompes funèbres, dont la directrice était presque gênée de me revoir si tôt, jusqu'au cimetière de Bray-sur-Seine et son caveau, à peine refermé, déjà rouvert. Comme lassé d'être encore réquisitionné, le prêtre de la commune était en retard. Il convenait de l'attendre, pour une ultime bénédiction. Et puis le cercueil de Laurent fut descendu dans la tombe où Olivier était couché depuis soixante ans, Philippe depuis presque un demi-siècle, Françoise depuis cent quatre-vingt-neuf jours.

Gravées en italiques et en rouge sur la stèle jusqu'alors coiffée d'un très vieux et résistant rosier, qui a fini par mourir comme meurent les gardiens de phare sans emploi, les dates de leur disparition rythment le calendrier de ma propre existence. En 1962, je suis un enfant désorienté, qui ne sait pas faire la part entre hier et demain, pour qui la chronologie sera toujours chamboulée et inversée ; en 1973, je suis un adolescent tourmenté, bien décidé à ne pas s'encombrer de tout ce qui pourrait l'empêcher d'avancer dans la vie, croyant pouvoir s'exercer à l'amnésie volontaire, mais rêvant d'écrire un jour afin de coucher tout ce qu'il refoule ; en 2020 et 2021, je suis un homme, comblé par une famille nombreuse, vigoureuse et œcuménique, que j'aime d'une passion exclusive et animale, qui me serre, me consolide, m'étaye, m'accroît, me ravive et m'empêche, lorsque la pente devient abrupte, de chuter trop bas.

14

Je viens d'écrire ces lignes le 7 août 2022. Une manière, pour moi, en fixant ce cimetière sur le papier, d'espérer m'en éloigner. Et voici que le destin me prend au collet. Le 8 au matin, j'apprends la mort de ma tante Christiane, la sœur aînée de ma mère, dont elle était si différente, mais avec le temps, la maladie, les souffrances, l'accentuation du profil paternel et cette maigreur qui annonce la fin, elles avaient fini par se ressembler et se confondre. C'était, pour moi, bouleversant. Christiane avait quatre-vingt-quatorze ans. Handicapée après une chute et une fracture du fémur, qui l'avaient fait basculer dans l'extrême vieillesse, elle avait été placée dans une maison de repos médicalisée de la rue du Cherche-Midi, à Paris. Chaque fois que j'allais la voir, elle me montrait d'un doigt tremblant, au bout du jardin, la chapelle Saint-Vincent-de-Paul, et elle me répétait avec un ravissement de moniale que son père, mon grand-père, Clément Launay, venait y soigner autrefois les prêtres et les frères lazaristes de la Congrégation de la Mission. Car plus elle s'écartait de la vie ordinaire, mieux elle se rapprochait de son enfance. Sur un ton sans appel, qui ressemblait plutôt à une prière, elle avait d'ailleurs demandé, avant l'été, qu'on lui permette de passer ses vacances dans la maison de Bray-sur-Seine, où reviennent toujours celles et ceux qui savent leurs jours comptés, tandis que sonne, au clocher du grand âge, l'heure des adieux. Aucun argument – il fallait mettre en place une lourde assistance médicale, un bataillon d'aides à domicile, lui fournir de l'oxygène la nuit, installer un praticable pour faire descendre le fauteuil roulant au jardin – n'avait résisté à sa si émouvante supplique. Comme maman, elle ne voulait pas partir sans revoir l'acacia tricentenaire, déjeuner sur le gravier, au pied de la grosse maison à deux étages, caresser du regard les communs fatigués de cet ancien relais de poste ainsi que les pelouses immuables, en forme de haricots secs.

Pendant trois semaines, ses trois filles, ses deux fils et sa ribambelle de petits et arrière-petits-enfants l'avaient entourée, cajolée, écoutée, embrassée, s'étaient disputé le privilège de pouvoir pousser dans les allées serpentines son énorme fauteuil hospitalier, et avaient accueilli, pour d'ultimes retrouvailles, les plus anciens amis du village, venus saluer la doyenne des Launay. La veille de son retour à Paris, au téléphone, elle m'avait dit « au revoir ». Je lui avais répondu :

« Non, ma Christiane, à bientôt. » « Au revoir, parce que je vais quitter Bray demain. » Le verbe « quitter » prenait tout son sens. Le 6 août, elle retrouva donc, près de Sèvres-Babylone, la Résidence Antoine-Portail. Mais elle avait perdu son souffle vital. Elle ne parvenait plus à respirer. Dans la nuit du 7, elle s'est endormie. Et, selon un rituel aussi cadencé que le refrain d'une vieille chanson triste, nous avons repris le chemin du cimetière de Bray, après une halte obligée et inspirée à Saint-Séverin.

Christiane était médecin et orthophoniste, la fierté et l'héritière directe de son célèbre père pédopsychiatre. Elle fut aussi, à un moment déterminant de ma vie, ma seconde mère. Elle l'est toujours restée. Et j'ai aimé le lui dire souvent, lui exprimer ma gratitude, que les années amplifiaient et qu'elle recevait avec un délicieux et silencieux sourire – elle était d'une pudeur extrême, c'était une femme de devoir, de courage et de réserve, qui évacuait les compliments et préférait marcher à l'ombre. Même après la mort prématurée de son mari Michel, un généraliste sourcilleux et autoritaire au physique d'officier de marine, elle s'abstint de prendre sa place et la lumière. Elle faisait le bien, mais ne voulait pas que cela fût visible. Elle était chrétienne, tout simplement.

Après avoir été renversé sous mes yeux par une voiture folle, Olivier entra dans le coma et moi, son jumeau, je sortis de sa vie, du moins de ce

qu'il en restait. Mes parents passèrent leurs journées au chevet de l'enfant agonisant, dans un
hôpital parisien. J'avais l'âge – cinq ans et demi –
de comprendre et celui, déjà, de me souvenir. Il
fallait donc, selon eux, me détourner du spectacle de leur douleur sans nom et plus encore me
refuser d'assister à la lente et immobile disparition de mon double, dont la dernière image ful-
gurante que j'ai gardée de lui est celle d'un
garçon projeté en l'air tel un elfe, sous un ciel bas
de Seine-et-Marne. Il fallait me priver de sa mort,
qui finit par tomber un jour de plein soleil, le
7 juillet 1962. Me priver aussi de ses obsèques, à
Saint-Séverin, où j'aurais pourtant serré fort les
mains de mon père et de ma mère. Me priver
encore de son enterrement, à Bray-sur-Seine, où
j'aurais suivi, en culottes de flanelle courtes, le
petit cercueil jusqu'à la tombe, creusée alors
pour lui seul, où j'aurais pleuré des larmes de
frère inconsolé, inconsolable, mais où j'aurais été
présent. Désormais âgé, je reste le jumeau brisé
de cet été-là, condamné à conjuguer ce moment
capital de ma vie au conditionnel, qui est le mode
de l'inaccompli, alors que le passé simple est
celui, paisible, du regret.

Quelques jours après l'accident, mes parents
m'envoyèrent donc chez ma tante Christiane et
mon oncle Michel, qui habitaient, avec leurs cinq
enfants – j'allais être le sixième, tout était décidé
sans que cela fût expliqué ni appuyé –, une maison blanche et carrée augmentée d'un petit

jardin, dans le centre de Sens, non loin des rives de l'Yonne et, c'était rassurant, à moins de trente kilomètres de Bray.

Ils savaient, et avaient raison de le penser, que j'y serais bien. Que je trouverais, auprès de mes cousines et cousins, dans cette province nonchalante et indolente du début des années soixante, une nouvelle famille, où l'absence de mon jumeau serait sans doute moins cruelle. On m'inscrivit à l'école de la ville, dans la classe d'Anne, la cousine de mon âge. On me fit jouer, comme si de rien n'était, et goûter chez des enfants turbulents et joyeux, que je ne connaissais pas. On me présenta ici et là, sans rien dire, du moins devant moi, de ce que je venais de vivre, de ce que je vivais. On m'emmena chasser, le week-end, avec mon oncle, le lièvre et la bécasse dans la campagne berrichonne, où je portais en bandoulière une gibecière pleine de cadavres tièdes et sanglants. On me lut à haute voix les cartes postales presque quotidiennes que mes parents m'écrivaient. Ils me demandaient de mes nouvelles, me donnaient des leurs, et de ma sœur Nathalie, restée auprès d'eux, se souciaient de mes notes en classe, m'assuraient qu'on se retrouverait bientôt, que je leur manquais, qu'ils m'aimaient, et je gardais précieusement leurs cartes dans une boîte à chaussures en carton, que j'ouvrais les soirs de chagrin. Elles m'ont révélé, à moins de six ans, la signification du mot « tabou », le poids terrible du non-dit et les mystères de la feinte. Car il n'y avait jamais, fût-ce entre les lignes, un mot sur Olivier, jamais une allusion à mon petit grand absent, mon autre moi-même, qui hantait mes nuits cauche-mardesques, pendant lesquelles j'entendais en boucle le bruit infernal d'une voiture qui écrase un enfant et, dans sa course assassine, ne veut pas s'arrêter.

J'ai appris très tôt à composer avec le silence. Et à me débrouiller avec ce que les adultes, comme s'ils complotaient, se refusaient de nommer. De là, peut-être, tout au long de ma vie, ce sentiment persistant d'être tenu dans l'ignorance des drames qui, à chaque instant, pourraient frapper les miens, et que, afin de distraire mon angoisse, l'on me joue la comédie de l'insou-ciance. Menteuse est la compassion.

Au petit matin, heureusement, dans ma chambre située au grenier, près de mon lit, me tenant la main avec un dévouement maternel, chassant mes effrois, effaçant mes larmes, me ras-surant comme elle le pouvait, il y avait Christiane et son visage bienveillant, et son regard qu'un léger strabisme rendait encore plus charitable. C'est grâce à elle, c'est pour elle, que je me levais, que je voulais bien aller à l'école, car je savais qu'elle était là pour me réconforter et raisonner mes égarements, mes abandons de garçonnet traumatisé. Elle ne me laissait jamais seul. Je l'accompagnais même, avec ma cousine Anne, lors de ses tournées médicales dans la campagne sénonaise, qu'elle effectuait au volant de sa bondissante et brimbalante 2CV, dont elle ouvrait la toile du toit aux beaux jours, et on se levait de la banquette arrière, Anne et moi, pour nous tenir droits dans le vent parfumé et respirer l'air enivrant de la liberté.

Christiane nous demandait de patienter dans les salles d'attente des institutions où elle soignait, en les faisant parler et dessiner, des enfants handicapés mentaux, parmi lesquels, j'en suis certain aujourd'hui, des X fragile, dont la médecine n'avait pas encore diagnostiqué ni défini le syndrome. Une fois, une aide-soignante était venue me voir et m'avait soufflé : « Votre tante est une femme exceptionnelle. Elle donne du bonheur à nos petits *malheureux*. » Je ne comprenais pas bien ce qu'elle faisait à ces petits *malheureux*, mais je l'imaginais un peu guérisseuse, un peu magicienne et un peu chiromancienne. Et je me disais que j'étais moi aussi, à ma manière, un petit *malheureux* auquel, en m'aimant, elle redonnait vie.

Le 12 août, dans l'après-midi caniculaire, nous avons couché Christiane dans son caveau, entre celui de sa sœur et celui de ses parents. Voici ma mère et celle qui le fut, à sa manière, si discrète, au lendemain de la disparition d'Olivier, placées côte à côte, sous la terre de Bray qu'on n'en finit pas de remuer et de creuser, mais elle est consentante. Après l'enterrement, la grande maison de famille était pleine d'enfants, mais Dieu qu'elle me parut vide.

15

À côté du journal de ma mère, une grosse che-mise contenait des lettres que, sans les ranger ni les classer, elle avait conservées. Celles, longues et nombreuses, que j'envoyais, adolescent, à mes parents pour leur raconter dans le détail mes séjours linguistiques à Bath, en Angleterre, et à Bingen, en Allemagne, ou mes vacances d'hiver dans l'Oberland bernois. En les relisant, je suis frappé par l'application que je mets à vouloir les rassurer, leur prouver que je vais bien, que je m'instruis, que je suis heureux. Inconsciemment, mais était-ce si inconscient que cela ?, j'écris aux parents d'un enfant mort et je témoigne sans cesse de ma survie. Je ne corresponds pas seule-ment, je tape aussi du pied.

À la même époque, mon père voyage souvent à travers le monde pour représenter la maison d'édition qu'il dirige, les Presses Universitaires de France. Il est, à l'époque où les sciences humaines sont à leur zénith, l'ambassadeur courtois et cravaté, un peu hautain, de la pensée française. Des États-Unis, du Canada, d'Amérique latine, il adresse à ma mère des lettres amoureuses, pleines d'humour, de saillies et de croquis sur le vif.

Ainsi, en mars 1970. « À San Francisco, nous sommes logés dans un hôtel somptueux (celui où Pompidou est descendu). Rien ne manque dans ma chambre – depuis la trousse de couture jusqu'à la Holy Bible chère à ton cœur –, sauf toi bien entendu. Et cela fait un vide affreux ! Nous partirons, après avoir intensément travaillé, le 15 mars pour Chicago. Demain, les musées, après-demain les réserves, les parcs et la côte du Pacifique. Profitons-en, comme de l'appendicite… Je t'embrasse tendrement, Philippe. »

18 mars 1970 : « Montréal est aussi avenante que Mende ou Issoudun ; la seule surprise égayante fut d'y voir deux religieuses en grande tenue (cornettes et maxi-jupes) au salon de thé du Sheraton, aussi à l'aise que les nôtres au réfectoire des moniales. Ici, c'est Saint-Séverin qui paraît retardataire. »

Et puis, au détour d'une phrase, comme un ombrage : « J'espère que Laurent est remis de sa grippe : je pense souvent à lui. » Laurent a cinq ans, bientôt six. Il est différent des autres enfants. J'imagine que mon père l'observe sans comprendre d'où vient qu'il est si souvent malade, à quoi attribuer son retard, ses difficultés d'expression, ses absences, ses songeries énigmatiques, son comportement perpétuel de petit fauve craintif. Il a déjà perdu un fils, voici qu'un autre lui échappe. Sa raison vacille, mais il n'en montre rien. Lorsqu'il disparaît, le 21 avril 1973, Laurent a huit ans. Il va grandir sans père et sans repères. Il ne sera pas protégé, lui qui en avait tant besoin. Et mon père emporte avec lui, dans la tombe où l'attend Olivier, le secret de son autre fils, si fragile.

Bien avant, c'était le bonheur. L'air était léger, fluide, odoriférant et pétillant. Il n'y avait pas de menaces dans le ciel d'azur. L'avenir était une idée neuve, ce qui ne va pas sans quelque soupçon de mélancolie. Mon père, d'un naturel sévère et anxieux, a vingt-sept ans, il écrit à ma mère depuis Taormine, le 23 août 1955. Ils se marieront quatre mois plus tard, le 21 décembre 1955, à Paris.

« Ma chérie, il pousse ici des citronniers, des cactus, des lézards, des temples grecs, mais aussi des touristes très fatigués par un long voyage. J'habite pour quelques jours un couvent du XVIe siècle, transformé en grand hôtel d'une façon sacrilège, mais où la règle n'est pas du tout monastique : les cellules sont très acceptables. La mortification doit venir au moment du départ, avec la note. Je termine par le banquet, comme disent les artificiers. En attendant, je me plonge dans une eau merveilleusement chaude et limpide ou je me repose dans le grand jardin, rempli de fleurs multicolores et incroyables, où des colonels anglais travestis en boy-scouts viennent contrôler avec Mrs Thompson si les cartes postales ne mentent pas. Elles ne mentent pas, exceptionnellement, et ils repartent contents, après avoir jeté sur la mer un court regard possessif.

La moitié du plaisir que l'on prend en Sicile tient dans la prononciation des noms de lieux où l'on est : Ségeste, Selinunte, Syracuse, Agrigente. Quelques orages, comme à Paris. Alors, pourquoi revenir ? Ou pourquoi partir ? Tous les voyages se confondent avec des retours. Je pars ce soir pour Messine, puis Cefalù et reprends demain soir à Palerme le bateau pour Naples. Je reviendrai le 27 ou le 28 – ou pas du tout peut-être.

Je vois d'ici le théâtre grec, presque toute l'étendue de la mer et plus de cyprès, de palmiers et de fleurs que l'œil n'en peut supporter. Je vais aller manger du raisin, sans joie pourtant, incapable que je suis de m'arrêter au présent immédiat, qui devrait suffire. Je pense trop à l'avenir proche, ou au passé, à tout ce qui fait souffrir ou qui est inutile. Ah ! que n'êtes-vous à Taormine, mon amie. Philippe. »

Car ils se vouvoient encore. Une manière bourgeoise, à l'époque, de donner aux sentiments une importance cérémonieuse, qui prélude à l'intimité, et un petit cachet littéraire. « 20 octobre 1955. Françoise chérie, je m'émerveille et je trouve que vous êtes entièrement conforme à l'idée exagérée que je me suis toujours faite de l'amour et du bonheur. Je vous serre tendrement dans mes bras. Philippe. »

Et sur une petite carte de visite, ces mots, presque calligraphiés par mon père et sans autre commentaire, de Mlle de Lespinasse : « Je ne crois point me louer, quand je vous dis qu'en vous aimant à la folie, je ne vous donne que ce que je ne puis pas garder ou retenir. »

Je lis ensuite avec une curiosité redoublée les lettres de mon père à ma mère qui suivent leur mariage et précèdent la naissance des jumeaux, le 4 octobre 1956. Moi, à vingt-deux heures cinquante, Olivier à vingt-trois heures.

« 23 mars 56, 22 h. Françoise bien-aimée, comme je suis malheureux dans mon appartement désaffecté. Fontenelle n'est d'aucun secours, quand il s'agit de n'être plus seul : mais je ne peux en faire état, je pense. Il ne me reste qu'à regarder d'un œil mauvais ce ridicule oreiller, que je ne sais où placer sur le lit où tu manques. Je vais écouter de la musique en te serrant tendrement dans mes bras, mon amour. Philippe. »

Désormais, les jumeaux sont là. Mais l'été, tandis que la famille rassemblée à Bray-sur-Seine aide ma mère à s'occuper de nous, mon père travaille, en forçat. Dans une lettre à sa « Françoise bien-aimée », il dit que, outre ses fonctions dans sa maison d'édition, il peine à rédiger un essai sur « Diderot et la philosophie du style », qu'il doit à la revue *Critique*, et va regarder au Louvre des « tableaux haut et mal placés, mais cela m'aidera à terminer l'*Iconographie de l'art chrétien*, de Louis Réau ». À Paris, nostalgique de l'Italie, il relit Stendhal, abuse de l'Imménoctal, qui tient du somnifère et de l'anxiolytique, et nous regrette. « Je rêve de vous trois, et je m'évade, avec vous aussi, loin de cette ville affreusement noire. Heureux de t'entendre si bien au téléphone, hier. J'ai seulement oublié de te demander si tu n'avais pas besoin d'argent. Je suppose que les jumeaux ont dépensé en gâteaux secs la pauvre réserve que je t'avais laissée… » Quelques jours plus tard : « Je m'ennuie de vous trois ; mais quand je vois dans notre quartier les enfants qu'on promène en voiture, je me dis que Jérôme et Olivier ont une chance extraordinaire de passer trois mois à la campagne et à la mer. » La campagne est maternelle, c'est Bray-sur-Seine, la mer est paternelle, c'est Saint-Laurent-sur-Mer, et le voyage entre les deux s'effectue en Peugeot 203 gris souris. Celle dont, en 1962, Olivier allait soudain ouvrir la portière pour traverser la route et saluer des vaches, de l'autre côté, sans voir la voiture qui fonçait sur lui.

Dans le dossier que ma mère conservait précieusement, mais l'ouvrait-elle seulement ?, je ne le pense pas, c'eût été remuer trop de souvenirs, il n'y a plus de lettres de mon père avant le début des années soixante-dix. Il avait cessé de voyager, elle avait cessé d'attendre son retour. La mort

101

d'Olivier fut leur exil intérieur. Mon père le prolongeait à cheval, sous de lourdes et obscures frondaisons, avec cette rage qu'on met à en découdre, et ma mère, en peignant des tableaux où, parfois, dans l'angle d'une fenêtre, à la surface limpide de la Seine, à la hauteur d'un immémorial clocher de province, un ange passe.

En mars 1970, son métier d'éditeur oblige mon père à partir pour Chicago. Il s'essaie encore à l'humour : « En France, nous avons maintenant leurs buildings, leurs machines à sous, leurs hippies – mais ils ont nos Monet, nos Degas, nos Renoir », et promet des cadeaux : « Dis à Nathalie que je lui ramènerai une poupée japonaise. Je n'ai encore trouvé pour Jérôme que des timbres, et pour mon petit Laurent qu'un ravissant jeu de dominos (à animaux). J'ai hâte de vous revoir tous. »

Deux ans plus tard, en janvier 1972, il est à Buenos Aires, où il espère, en vain, une lettre de ma mère lui donnant « des nouvelles de Laurent », puis au Paraguay, à Asunción, « une ville que la vie semble avoir quittée, de grands édifices à pâtisserie vibrant sous un soleil d'enfer, et nous, voguant en taxi dans ces rues en apparence désaffectées jusqu'au Panthéon des héros morts, cerné de lampes à huile et gardé par deux petits soldats en gants à crispin. Nous avons regagné l'aéroport en veillant à n'écraser aucun bœuf. Les voyageurs qui vont en Mongolie doivent ressentir un peu cette impression de temps suspendu ».

Il faut ensuite propager la bonne parole des Presses Universitaires de France à Santiago, où il est jeté à bas de son lit par une secousse sismique et s'inquiète de n'avoir toujours pas de nouvelles de Laurent, puis à Lima, d'où il s'apprête à distribuer en conquistador, dans la vallée sacrée des Incas, à trois mille six cents mètres d'altitude, *La Flamme d'une chandelle*, de Gaston Bachelard, et *Proust et les signes*, de Gilles Deleuze, qu'il a publiés dans sa collection « À la pensée », sans oublier, de Michel Foucault, *Naissance de la clinique*. Le 15 janvier 1972, le voici à Cuzco, « ville indienne des Andes en pisé, qui nous transporte dans un Moyen Âge dont on n'avait pas l'idée avant de la voir. Les fileuses, les troupeaux de lamas, les marchands d'eau ambulants évoluent dans ces sites fabuleux, et qui consolent de tant de paysages dénaturés, avec cinq ou six siècles de retard ».

Et soudain. Même là-haut, à cette altitude qui provoque, chez le voyageur occidental, migraines, nausées et vertiges, sur le toit du Pérou qui se confond avec le ciel, à dix mille kilomètres du cimetière de Bray-sur-Seine, mon père sent que sa blessure, jamais cicatrisée, se réveille comme un volcan. « De merveilleux petits enfants indiens vous adressent ici et là un sourire qui nous déchire à cet endroit où toi et moi avons si mal depuis dix ans. »

J'imagine la scène et tout ce que, derrière les verres de soleil qu'il plaçait sur ses lunettes de vue, mon père s'obligeait à dissimuler, lui qui répétait qu'il avait peur, non pour l'avenir, mais pour le passé. Et je n'ose penser à la souffrance partagée de sa femme chérie, lorsqu'elle a lu cette phrase et tenté de se représenter les petits enfants indiens qui avaient, pour elle aussi, le visage bruni d'Olivier.

Glissée juste derrière cette lettre, une autre, adressée le 8 août 1962, un mois après l'enterrement d'Olivier, par ma mère à ses « parents chéris » depuis Saint-Laurent-sur-Mer, en Normandie. Elle m'observe, avec un œil qu'on dirait de pédiatre, comme si j'étais un garçon en verre, qu'il ne faut pas secouer, parce qu'il pourrait se briser. Comme si j'étais fragile. Comme si elle craignait pour moi, à chaque minute. Elle a besoin de rassurer mes grands-parents sur mon sort : « Je suis tranquille. Jérôme aura été parfaitement entouré pendant ses vacances. Il est détendu et calme, transformé, doux avec sa sœur qu'il protège et fait jouer. Olivier n'est pas loin et nous en parlons souvent avec Jérôme, qui comprend tout ce que j'explique. Nous parlons du paradis, des saints, des merveilles que Dieu a faites, si claires pour moi maintenant. »

Des *merveilles* que Dieu a faites, oh mon Dieu ai-je envie d'ajouter, comment peut-on parler de merveilles ?

16

Lorsque je passe, aujourd'hui, sur les quais, près de l'hôpital Pompidou, où il s'est éteint, et lorsque je vais à la Cinémathèque française, située à côté du foyer d'hébergement où il aurait pu être accueilli, je ne peux me retenir de penser que Laurent, dans son ultime échappée, n'a pas voulu m'encombrer ni me charger d'un poids trop lourd. Que sa bonté allait jusqu'à s'éclipser sans faire de bruit – qui dira l'épouvantable silence hospitalier du coma artificiel – pour me laisser vivre, me laisser lui survivre, comme j'ai survécu, couturé mais debout, à mon jumeau, à mon jeune papa, à ma vieille maman. Et aussi pour ne pas tourmenter, par sa présence massive et inquiète, l'amour fou que je porte à la famille nombreuse, radieuse, qu'Anne-Marie et moi avons construite telle une digue impérissable, qui contiendrait en amont les eaux des morts.

Je sais que je prête à Laurent une prévenance imaginaire. Il n'a rien souhaité. Il a seulement été terrassé par le covid, après avoir toujours été déboussolé, égaré par l'X fragile. Mais j'imagine, s'il en avait réchappé et que j'avais eu à exercer mon rôle de tuteur, ce qu'eût été notre existence commune. Il aurait été ma préoccupation quotidienne. J'aurais craint sans cesse pour sa santé mentale et physique, tellement menacée. Je l'aurais habillé, chaussé, équipé, entouré. Il m'aurait affolé. Je me serais alarmé à la moindre de ses fugues dans les rues de Paris, plus nombreuses et énigmatiques encore depuis la mort de notre mère. J'aurais appelé en vain sur son portable, dont il n'écoutait pas les messages laissés sur le répondeur. Je lui aurais proposé des rendez-vous auxquels il ne serait pas venu. Sa sauvagerie ne se serait sans doute pas accommodée de mes journées trop ordonnancées ni mes journées, de sa sauvagerie. J'aurais eu peur que mon permanent souci de lui me détourne de travailler au bonheur des miens. J'aurais cherché comment le rendre heureux, plus sociable, plus ouvert, lui faire reprendre le chemin de l'atelier et de la peinture, sans comprendre pourquoi c'était, sans doute, une chimère. Et j'aurais senti, depuis je ne sais où, ma mère veiller à ce que je veille sur lui. Combien de temps aurais-je tenu ? Aurais-je eu ce courage-là, étais-je seulement capable de cette abnégation ? Peut-être sa fragilité aurait-elle eu raison de la mienne.

Mais Laurent ne m'a pas donné cette peine. Il m'a épargné. Il m'a affranchi. Lui le corpulent s'est coulé avec une souplesse de djinn dans mes rêves et ma mémoire. Il n'a plus pesé. Et il m'a laissé, en grommelant « c'est pour toi, mon frère », ses tableaux qui forment, avec ceux de notre mère, une fresque, tantôt véhémente, tantôt gracieuse, dont les motifs et les couleurs empêchent les meilleurs souvenirs de dépérir. S'ils résistent au temps, s'ils gardent bien la lumière, s'ils ne sont pas jetés aux oubliettes, et si la médecine ne s'en empare pas, je veux espérer que, longtemps après moi, on se demandera, en les regardant, en admirant leur géométrie kaléidoscopique, en s'imprégnant de leur discrète mythologie et en cédant à leurs sortilèges, s'ils sont abstraits ou figuratifs, bienheureux ou mélancoliques, s'ils sont d'un érudit ou d'un candide, s'ils sont d'un enfant ou d'un adulte, et puis on dira, peu importe, celui qui, autrefois, a peint ces épiphanies était joyeux, éloquent, inventif et comblé, quelle belle vie il a dû avoir, et comme il a été aimé.

DU MÊME AUTEUR

Romans

C'ÉTAIT TOUS LES JOURS TEMPÊTE, *Gallimard*, 2001. Prix
Maurice Genevoix (Folio n° 3737).

LES SŒURS DE PRAGUE, *Gallimard*, 2007 (Folio n° 4706).

L'ÉCUYER MIROBOLANT, *Gallimard*, 2010. Prix Pégase Cadre
noir (Folio n° 5319).

BLEUS HORIZONS, *Gallimard*, 2013. Prix François Mauriac, prix
Jean Carrière, Grand Prix de l'Académie nationale de Bordeaux
(Folio n° 5805).

LE DERNIER HIVER DU CID, *Gallimard*, 2019. Prix des Deux
Magots, prix Jean Bernard de l'Académie de médecine (Folio
n° 6924 ; CD : collection « Écoutez lire », *lu par Anne-Marie Philipe*).

Récits

LA CHUTE DE CHEVAL, *Gallimard*, 1998. Prix Roger Nimier
(Folio n° 3335, *édition augmentée* ; La Bibliothèque Gallimard n° 145,
présentation et dossier de Geneviève Winter).

BARBARA, CLAIRE DE NUIT, *La Martinière*, 1999 (Folio n° 3653,
édition augmentée).

THÉÂTRE INTIME, *Gallimard*, 2003. Prix Essai France Télévisions
(Folio n° 4028, *édition augmentée*).

BARTABAS, ROMAN, *Gallimard*, 2004. Prix Jean Freustié (Folio
n° 4371, *édition augmentée*).

SON EXCELLENCE, MONSIEUR MON AMI, *Gallimard*, 2008.
Prix Prince Pierre de Monaco, prix Duménil (Folio n° 4944, *édition
augmentée*).

OLIVIER, *Gallimard*, 2011. Prix *Marie Claire* (Folio n° 5445, *édition
augmentée*).

LE SYNDROME DE GARCIN, *Gallimard*, 2018. Prix Humanisme
et Médecine (Folio n° 6706).

MES FRAGILES, *Gallimard*, 2023 (Folio n° 7425).

Essais

POUR JEAN PRÉVOST, *Gallimard*, 1994. Prix Médicis essai ; Grand Prix de l'essai de la Société des gens de lettres (Folio n° 3257).

LITTÉRATURE VAGABONDE, *Flammarion*, 1995 (Pocket n° 10533, *édition augmentée*).

PERSPECTIVES CAVALIÈRES, *Gallimard*, 2003. Prix Pégase de la Fédération française d'équitation (Folio n° 3822).

LES LIVRES ONT UN VISAGE, *Mercure de France*, 2009 (Folio n° 5134, *édition augmentée*).

GALOPS. PERSPECTIVES CAVALIÈRES II, *Gallimard*, 2013 (« inédit » Folio n° 5622).

LE VOYANT, *Gallimard*, 2015. Prix littéraire de la Ville de Caen, prix Nice Baie des Anges, prix Relay des voyageurs lecteurs, prix d'une vie - *Le Parisien Magazine*, prix Robert Joseph des écrivains combattants (Folio n° 6115, *édition augmentée* ; Folio+Collège, n° 27 ; CD : collection « Écoutez lire », *lu par Laurent Poitrenaux*).

NOS DIMANCHES SOIRS, *Grasset*, 2015 (Folio n° 6375).

ÉCRIRE ET DIRE. ENTRETIENS AVEC CAROLINE BROUÉ, *Éditions des Équateurs*, 2024.

DES MOTS ET DES ACTES. LES BELLES-LETTRES SOUS L'OCCUPATION, *Gallimard*, 2024.

Journal

CAVALIER SEUL, *Gallimard*, 2006 (Folio n° 4500, *édition augmentée*).

Correspondance

FRATERNITÉ SECRÈTE. CORRESPONDANCE JACQUES CHESSEX-JÉRÔME GARCIN, *Grasset*, 2012.

Beaux livres

À LA RECHERCHE DU CENTAURE, *dessins de Jean-Louis Sauvat, Éditions du Contrefort*, 2019.

ALULA EVER, *Assouline Publishing*, New York, 2022.

Dialogues

ENTRETIENS AVEC JACQUES CHESSEX, *La Différence*, 1979.

SI J'OSE DIRE. ENTRETIENS AVEC PASCAL LAINÉ, *Mercure de France*, 1982.

L'ÉCOLE BUISSONNIÈRE. ENTRETIENS AVEC ANDRÉ DHÔTEL, *Pierre Horay*, 1983.

DE MONTMARTRE À MONTPARNASSE. ENTRETIENS AVEC GEORGES CHARENSOL, *François Bourin*, 1990.

Direction d'ouvrages

DICTIONNAIRE DE LA LITTÉRATURE FRANÇAISE CONTEMPORAINE, *François Bourin*, 1988. *Édition augmentée*: DICTIONNAIRE DES ÉCRIVAINS CONTEMPORAINS DE LANGUE FRANÇAISE PAR EUX-MÊMES, *Fayard/Mille et une nuits*, 2004.

LE MASQUE ET LA PLUME, *avec Daniel Garcia, Les Arènes*, 2005. Prix du Comité d'histoire de la radiodiffusion (10-18 n° 3859).

NOUVELLES MYTHOLOGIES, *Le Seuil*, 2007 (Points Essais n° 661).

LES MEILLEURS ZEUGMAS DU MASQUE ET LA PLUME, *présenté par Jérôme Garcin, illustrations de Jochen Gerner, Gallimard et Radio France*, 2016 (Folio entre guillemets n° 14).

Tous les papiers utilisés pour les ouvrages
des collections Folio sont certifiés
et proviennent de forêts gérées durablement.

Composition IGS-CP à L'Isle-d'Espagnac (16)
Impression Novoprint
à Barcelone, le 23 septembre 2024
Dépôt légal : octobre 2024

ISBN 978-2-07-305867-6 / Imprimé en Espagne

627359